学級づくりの相談室 Q&A

著者
北　俊夫 ◎岐阜大学教授
廣嶋憲一郎 ◎聖徳大学教授
渡辺秀貴 ◎東京都昭島市立玉川小学校校長

光文書院

まえがき
―本書の企画の意図―

　いま、企業では「2007年問題」が話題になっています。団塊の世代の大量退職に伴って、初任者が大量に採用されることから生じる問題のことです。ここには、団塊の世代がこれまで蓄積してきた優れた技術や知識、経験が会社から流出することに対する危機感が背景にあります。若い世代が会社に大量に採用されることから、「若さ」は蘇るものの、技術力は全体として低下していきます。特にものづくりの分野ではこのことが深刻な問題になっています。

　こうした問題は、学校においても現実化しつつあります。すでに東京都や大阪府、横浜市や京都市など、都市部では初任者が大量に採用され、教師の平均年齢が急激に下がっています。学校全体としてみたとき、子どもへの指導力が低下するのではないかという危惧が広がっています。ベテランと言われる年配の教師は、「最近の若い教師は、わからないことがあっても自分から聞きに来ない。」と言います。一方、若い教師は、「ベテランの先生は何も教えてくれない。」と言います。指導する・指導されるという相互の関係がうまく成立していないようです。各学校で、ベテラン教師の優れた指導技術や学級経営のノウハウなどをリレーする仕組みがつくられることが望まれています。わたくしはこれを「教育版2007年問題」と言っています。いま、企業で起こっている問題は、学校という社会においても例外ではないわけです。

　本書『学級づくりの相談室Q&A』は、こうした学校や教師を取り巻く新しい環境を考慮して企画され、とりまとめられたものです。特に、若い教師が日々悩んでいることを数多くあげ、一つ一つについてどう対処したらよいのかをていねいに解説しました。具体的かつ簡潔に記述されていますから、対処のポイントが把握しやすくなっています。

　本書には、毎日の「学級経営の基本」にかかわることがほぼ網羅されています。内容は、指導にあたっての目標、学級生活のリズム、教室の環境整備、授業以外での指導のコツ、とっさのときの指導など学級のつくり方に関すること、授業参観日や保護者への連絡・対応、教師としての資質・能力の向上につながる研修・研究の方法、個性の豊かな子どもたちへの指導のポイント、さらには学級事務の内容と進め方など、若い先生方がさまざまな場面で直面する切実な課題や悩みについて、具体的かつ実践的に解説されています。

　「こんなことは恥ずかしくて今さら聞けない」といった場面に出会ったとき、本書

を開いてみてはどうでしょうか。また、これまで自分流でやってきたことに「これでいいのかな。」と不安を感じたときに活用することもできます。いずれの項目も「Q&A」の形式で、1ページまたは2ページでコンパクトに構成されていますから、短時間にポイントを理解することができます。必ずしも最初から読む必要はありません。どこからでも必要とするところから読み進めることができます。

　「原則は明確に、実践は多様に」という鉄則があります。指導にあたっての基本的な理念や考え方はしっかりもつ必要があります。しかし、課題解決のための方法や手立ては決して一つではありません。常にさまざまな対応をとることができます。原則をしっかりおさえておくことによって、実践方法が画一化されることなく多様に工夫され、日々の実践に自信をもつことができます。辰野千壽先生は、教師の「自己効力感」の大切さについて述べています。自己効力感とは「自分はできる」という自信のことです。この信念が強い人ほど、目標を高く設定して、その目標の実現を目指して努力しようとするそうです。また、モデルとなる教師の行動を観察することの大切さについても説いています。ぜひ、自信をもち、力量ある教師になっていただきたいと心から願っています。

　ここに紹介した処方箋は、数多くの教室を参観し、大勢の教師からさまざまな悩みや解決策を聞いてきた立場から、特に若い先生方がかかえている、あるいは直面する指導上の問題点に絞って記述されています。これらをヒントにまず取り組み、次にはさらに他の方法を考え、実践に深まりと広がりと多様性がみられるようにしたいものです。これが、教師としての自信につながり、教職を楽しむゆとりも生まれてきます。教職は、社会づくり、国づくりを担う子どもを育てるという重要な仕事です。子どもたちが日々成長していくことを楽しみにしながら、日々努力する教師でありたいと願っています。そのために本書が些か（いささ）とも参考になれば、企画者、執筆者として、これ以上の喜びはありません。

　なお、本書は、現役の若い先生方だけでなく、教員採用試験に合格し、4月からの本採用に備えて期待と希望をもち、不安を感じている学生や、教員を目指して目下努力している学生にも参考になるものと思います。

　終わりに、本書の刊行にあたっては、光文書院の小林隆麿、山先公一の両氏のお力添えをいただきました。この場を借りて、心より感謝の意を表します。

2007年4月

北　俊夫

CONTENTS◎目次

まえがき	1

【巻頭言】	**今求められている教師の資質・能力とは**	7

I	**学級のつくり方**	9
1	**共通の目標**	10

- Q1　年度のはじめに学級の目標を設定するとき，どのようにつくったらよいですか。　10
- Q2　学期ごとの子ども一人一人の目標は，どのようにつくらせたらよいですか。　11
- Q3　運動会や学芸会などの行事への取り組み目標は，どのようにつくらせたらよいですか。　12
- Q4　学校の月ごとの生活目標を，学級ではどのように扱うとよいですか。　13
- Q5　学級内で生活班をつくるとき，どのような方法がありますか。　14

2	**学級生活のリズム**	15

- Q1　朝，子どもたちをどのように迎えたらよいですか。　15
- Q2　学級生活のリズムは，どのようにつくったらよいですか。　16
- Q3　毎朝の子どもたちの健康観察をどのようにしたらよいですか。　18
- Q4　「今週の予定」の黒板には，どのようなことを書くとよいですか。　19
- Q5　学級の中の係活動には，どのようなものがありますか。　20
- Q6　子どもの座席を決めるとき，どのような配慮が必要ですか。　21
- Q7　班や教室の中での係を決めるとき，どのような方法がありますか。　22
- Q8　学級での生活におけるルールには，どのようなものがありますか。　24
- Q9　学級での学習におけるルールには，どのようなものがありますか。　26
- Q10　「朝の会」の内容と進め方は，どのようにしたらよいですか。　28
- Q11　「帰りの会」の内容と進め方は，どのようにしたらよいですか。　29
- Q12　出張するときには，子どもたちにどのような指示をしておくとよいですか。　30

3	**教室の環境**	31

- Q1　子どもの作品を掲示するとき，どのような配慮が必要ですか。　31
- Q2　教室内には，どのような掲示物が必要ですか。　32
- Q3　教室掲示の仕方には，どのような方法がありますか。　34
- Q4　教室内の花や小鳥などの世話を，子どもにどのように取り組ませるとよいですか。　36

4　授業以外の指導のコツ　37

- Q1　休み時間や遊び時間の指導をどのようにしたらよいですか。　37
- Q2　清掃の指導をどのようにしたらよいですか。　38
- Q3　給食の時間の指導をどのようにしたらよいですか。　40
- Q4　登下校の指導をどのようにしたらよいですか。　42
- Q5　いじめのない学級づくりをどのようにしたらよいですか。　44
- Q6　放課後の子どもたちの指導をどのようにしたらよいですか。　46

5　とっさのときの指導　47

- Q1　朝会や集会で，子どもが貧血で倒れそうになったとき，どのように対処したらよいですか。　47
- Q2　体育の時間中に，子どもがケガをしたとき，どのように対処したらよいですか。　48
- Q3　理科の実験中に，子どもがケガをしたとき，どのように対処したらよいですか。　50
- Q4　家庭からは無連絡で登校が確認できない子どもがいたら，どう対処したらよいですか。　51
- Q5　子どもの体調に急激な変化が見られたとき，どのように対処したらよいですか。　52

■ 先輩教師の"ちょっと，ひと言"──骨折で固まった信頼関係　54

II　保護者への対応　55

1　授業参観日　56

- Q1　保護者会で話すことはどんなことですか。また，どのような資料を用意しますか。　56
- Q2　4月はじめの保護者会で，学級世話人やPTA役員をどのように決めたらよいですか。　58
- Q3　保護者が参観する授業では，どのような配慮をしたらよいですか。　59
- Q4　授業参観日や保護者会の出席状況をどのように把握したらよいですか。また，欠席した保護者には，どのように対処したらよいですか。　60
- Q5　授業参観日や保護者会では，教師はどのような服装をしたらよいですか。　61
- Q6　授業参観の場面で，おしゃべりをしたり携帯電話をしたりしている保護者には，どのように注意したらよいですか。　62
- Q7　保護者会で活発に話し合いが行われるようにするためには，どのような工夫をしたらよいですか。　63

2　保護者への連絡・対応　64

- Q1　保護者から苦情や相談があったとき，どのように対処したらよいですか。　64
- Q2　学級通信はどの程度で発行したらよいですか。また，どのようなことを書けばよいですか。　66
- Q3　保護者への「連絡ノート」をどのように活用したらよいですか。　67
- Q4　学校でケガをしたり，友だちとトラブルがあったりしたことを，保護者にどのように連絡したらよいですか。　68
- Q5　保護者に学校での問題行動を話したら，「うちの子はそのようなことをするはずがない。」と言われたが，どのように説明すればよいですか。　69

Q6	保護者への連絡体制をどのようにつくったらよいですか。	70
Q7	家庭訪問や個人面談を進めるとき，どのようなことに注意すればよいですか。また，どのような話をするのですか。	71

■ 先輩教師の"ちょっと，ひと言"——**保護者は最大の応援団** … 72

Ⅲ 研修・研究の方法　73

Q1	先輩の先生の授業を参観するとき，どこに目をつけて観察するとよいですか。	74
Q2	先輩の先生に授業を見てもらうとき，どんなことに留意したらよいですか。	76
Q3	校内の研修や研究には，どのような心構えで参加すればよいですか。	77
Q4	校内で研究授業をすることになったとき，どのように準備を進めればよいですか。	78
Q5	市や区，町などの研修会や研究会に参加するとき，どのような準備や心構えが必要ですか。	79
Q6	自主的な研究会に参加しようと思っていますが，配慮することはどのようなことですか。	80
Q7	若い教師が集まって勉強会を開こうと思っているのですが，どのような内容や方法がありますか。	81
Q8	長期休業などに研修に参加するとき，どのような手続きがあるのですか。	82
Q9	授業力を向上させるために勉強したいのですが，どのような参考図書がありますか。	84
Q10	研究会などに出張した後，校長や学校にどのように報告するのですか。	86

■ 先輩教師の"ちょっと，ひと言"——**失敗は成功のもと** … 88

Ⅳ 「こんな子」への指導のポイント　89

Q1	不登校気味の子ども	90
Q2	病気気味の子ども	91
Q3	LDなどの発達障害のある子ども	92
Q4	通級指導が必要な子ども	93
Q5	虐待を受けている可能性のある子ども	94
Q6	朝ごはんを食べてこない子ども	95
Q7	食物アレルギーのある子ども	96
Q8	転校してきた子ども	97
Q9	一人親（単身）家庭の子ども	98
Q10	学習につまずきがちな子ども	99
Q11	生活面で自分のことができない子ども	100
Q12	食べ物で好き嫌いがある子ども	101
Q13	友だちとかかわれない子ども	102
Q14	友だちとけんかする子ども	103
Q15	学級などの仕事を責任をもってやれない子ども	104

Q16 いじめる子ども，からかう子ども　105
Q17 いじめられている子ども　106
Q18 忘れ物の多い子ども　107
Q19 教師に近づけない子ども　108
Q20 教師の言うことを聞かない子ども　109
Q21 学習意欲のない子ども　110
Q22 自由勝手に意見を述べる子ども　111
Q23 学級のルールを守らない子ども　112
Q24 授業中立ち歩く子ども　113
Q25 小食や食べるのが遅い子ども　114
Q26 整理・整頓の苦手な子ども　115

■ 先輩教師の"ちょっと，ひと言"——"よさ"を見つける　116

V 学級事務の内容と進め方　117

Q1 担任が行う学級事務には，どのようなものがありますか。　118
Q2 通知表を作成するとき，注意することはどのようなことですか。　120
Q3 指導要録の役割は何ですか。どのように記述するのですか。　121
Q4 学級経営案の役割は何ですか。どのようなことを書くのですか。　122
Q5 週案の役割は何ですか。どのように作成するのですか。　124
Q6 毎日，毎月の出欠席状況をどのように報告するのですか。　125
Q7 分担された校務分掌をきちんと処理するためには，どのようなことが大切ですか。　126
Q8 インフルエンザ（流感）などによる学級閉鎖のとき，学級担任は何をするのですか。　127
Q9 子どもの健康診断はどのような内容ですか。それを行う時期はいつですか。　128

■ 先輩教師の"ちょっと，ひと言"——学級事務は学級経営の基盤　130

VI 参考資料　131

学級経営案　132

専科経営案　134

週案簿の記入例　136

学級・学年通信　138

通知表の記入例　140

指導要録の記入例　142

【巻頭言】いま求められている教師の資質・能力

岐阜大学教授　北　俊夫

　いま教師の資質・能力のあり方が、各方面から注目され、期待もされています。このことは、子どもを育てるという教師の仕事（教職）が、いかに大切であるかを物語っているものです。それだけ社会から期待されているということです。こうした願いや期待に応えるためには、教師としての専門性を高めるために、日々研鑽を積むことが求められます。いわば「教師修業」です。

　ここでは、いま求められている教師の資質・能力とは何かを整理し、教師の専門性について考えます。

保護者が求める教師像

　教職という仕事は、保護者や子どもの願いに応えることでもあります。そこでまず、保護者はどのような教師を期待しているのかを考えてみましょう。ここでは、保護者からみた望ましい教師像を四つあげてみました。

　第一は、何といっても「力量のある教師」です。教え方の上手な教師です。できない子どもをできるようにすること、わからない子どもをわかるようにすることに教師の役割があります。「先生に代わったら、うちの子が急にやる気を起こして、『勉強が楽しい』と言っています。」といった声が保護者から出されると本物です。そのためには、教科についての専門的な知識、教えるための指導技術、子どもの状況を把握する観察力や理解力などが求められます。

　第二は、「教育観の確かな教師」です。これは子どもに何を身につけさせるのかといった「学力観」、どのような子どもを育てるのかといった「子ども観」、子どもをどのように導くのかといった「指導観」など、教師としてしっかりした教育理念をもっている教師です。こうした事柄は、教師としての生き方や人間性とも深くかかわっています。

　第三は、「使命感の強い教師」です。一人一人の子どもをよく理解し、その子どもに応じたきめの細かい指導をする教師です。面倒見のよい教師、情熱のある教師を期待しています。そのためには、優れた指導技術を習得する必要があります。わかるまで徹底して教えようとする教師は、一般に自分にも厳しいものです。自分に妥協はしません。

　第四は、「教育愛の深い、子どもを可愛がる教師」です。子どもを好きになれば、子どもたちは教師に近づき、心を開いてくるものです。子どもは教師の言動に敏感です。自分のことを大事にしてくれていると感じると、子どもは教師に好意を示し、学習にも集中するようになります。この逆もあります。

　教師も人間ですから、いろいろと問題点があり、完全ではありません。しかし、なりたい教師像を明確にもち、それに向かって努力しようとする意思と行動力によって、周囲から好意的に評価されるようになります。

　子どもの言い分を一切聞かず、自分の考えだけ

を一方的に押しつける教師、教師としての確かな生き方やあり方をもてない教師、仕事の処理や身のまわりのこと、身だしなみがだらしない教師などは、保護者や子どもたちから嫌がられると言われます。もちろん、暴力をふるう教師は論外です。ここには言葉による暴力も含まれます。

子どものことを第一義に据え、子どものために全力を尽くす姿こそ、子どもたちや保護者、地域の人たちが望んでいる教師です。

教師の専門性とは何か

教師が身につける専門性にも「不易と流行」の原則が当てはまります。社会がいかに変わろうと、いつの時代でも求められる専門性と、社会の変化に伴って新たに求められる専門性があります。

不易の部分の専門性は、一人一人の子どもに学力をつける授業力です。例えば、教師の発問や指示のあり方、学習活動の構成の仕方、学習状況の評価方法、板書の仕方など授業にかかわる指導技術はいつの時代でも求められてきました。

一方後者は、例えば、国際理解教育、キャリア教育、情報教育などの教育課題、習熟度別学習やティームティーチングなどの指導力です。

これからの教師には、自己を高めるために「不易と流行」の観点から、常に学び続ける意思と行動力が求められます。

平成17年に出された中央教育審議会答申「新しい時代の義務教育を創造する」では、「あるべき教師像」として次の三つを挙げています。

一つは「教職に対する強い情熱」です。これは、教職という仕事に対する使命感や誇り、子どもに対する愛情や責任感などです。変化の激しい社会や学校、子どもたちに適切に対応するためには、常に学び続ける向上心をもつことが大切です。

二つは「教育の専門家としての確かな力量」です。「教師は授業で勝負する」と言われてきました。この力量こそが「教育のプロ」のプロたるゆえんです。ここでいう力量とは、子ども理解力、児童・生徒指導力、集団指導の力、学級づくりの力、学習指導・授業づくりの力、教材解釈の力などであると、具体的に示しています。

いま一つは、「総合的な人間力」です。教師は、子どもたちの人格形成に直接かかわる立場にあります。子どもとって重要なモデルとしての役割があります。そのため、教師には豊かな人間性や社会性、常識と教養、礼儀作法をはじめ対人関係能力、コミュニケーション能力などの人格的資質を備えていることが求められるとしています。教師であるまえに、まず人間としての最低限の資質・能力を身につけることを強調しているものです。

また学校は一つの組織体ですから、さまざまな職種の人たちと協力して仕事を遂行していく協調性も必要になります。

教師の資質・能力とは、これまで「専門的職業である『教職』に対する愛情、誇り、一体感に支えられた知識、技能等の総体」といった意味内容であるとされてきました。このことは、「素質」とは区別され、資質・能力は「後天的に形成可能」であることを意味しています。教師として必要とされる資質・能力は、努力することによって限りなく向上し形成されていくということです。

学級のつくり方

1	共通の目標	10
2	学級生活のリズム	15
3	教室の環境	31
4	授業以外の指導のコツ	37
5	とっさのときの指導	47

Ⅰ 学級のつくり方 ① 共通の目標に向かって取り組む学級づくり

Q1 年度のはじめに学級目標を設定するとき、どのようにつくったらよいですか。

学年のはじめに学級目標をつくって、子どもたちと一緒によい学級づくりをしたいと思います。学校には学校教育目標や生活指導の目標などがありますが、学級目標をどのようにつくったらよいか、よくわかりません。担任として、こんな学級にしたいという願いはあるのですが、子どもたちの期待や決意も取り入れたものにするにはどうしたらよいですか。

A 担任としてどんな学級にしたいか、はっきりさせよう。

どのような学級にしたいか、子どもたちにはどのような力を育みたいか、まず、担任として学級づくりのイメージをしっかりもつことが大切です。

① 例えば、「よく考える子　思いやりのある子　じょうぶな子」という学校教育目標であれば、それぞれの視点から学級の子どもたちにはどんな特徴があるか整理する。

② 「○○をしない学級」のように否定的な発想ではなく、特にこの点を伸ばしていけばよい学級ができる、という肯定的な発想で目指す子ども像をできるだけ具体的に書き出す。

A 子どもたちの学級への期待や願いを汲み取り、決意として整理させよう。

子どもたちも「それがよい」と思う目標にしましょう。担任としての学級づくりのイメージをいかに子どもと共有できるかがポイントになります。

① 学校で目指している子ども像（学校教育目標・学年目標）を確かめ合う。

② どんな学級にしたいか、一人一人の意見をカードなどに書かせる。（全員が自己の問題として考え、発言力のある子どもだけの意見で決まってしまわないようにする。）

③ 意見を発表し合い、分類整理して（担任の意見も交えながら）、みんなが「うん。それは大事だ。」と思う学級像を整理する。

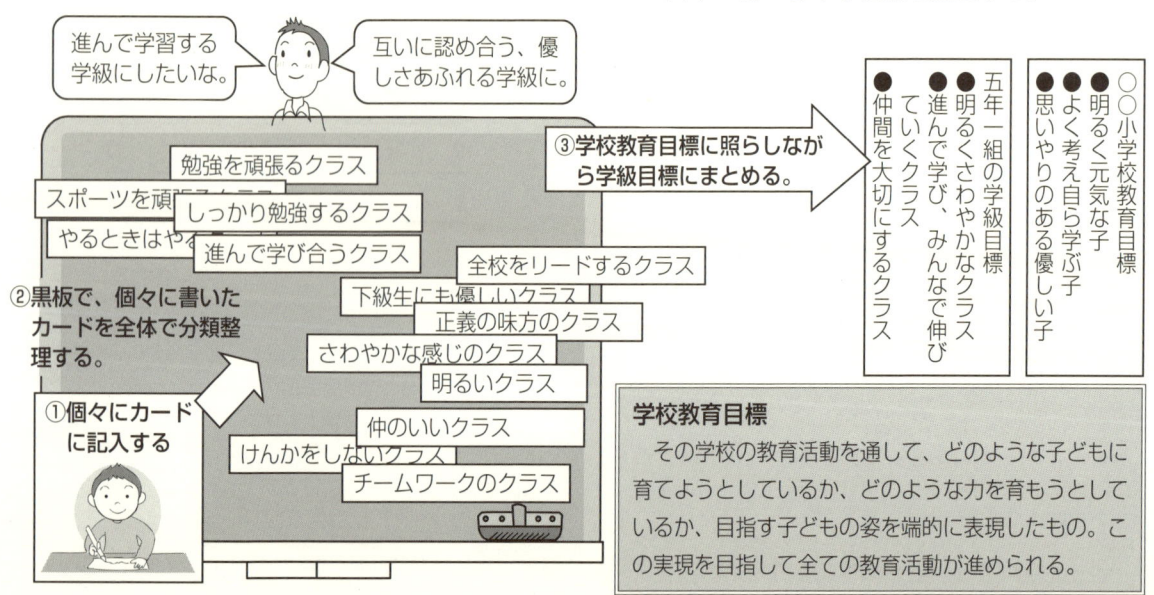

学校教育目標
　その学校の教育活動を通して、どのような子どもに育てようとしているか、どのような力を育もうとしているか、目指す子どもの姿を端的に表現したもの。この実現を目指して全ての教育活動が進められる。

Q2 学期ごとの子ども一人一人の目標は、どのようにつくらせたらよいですか。

学校教育目標や学級目標に関連させながら、子ども一人一人に目標をもたせたいと思います。その学期にある行事や学習の内容に合わせて、「よし、このことを頑張ってみたい。」というように子ども自らが目標を立てて、その実現に向けて頑張れるようにしたいのです。どんな項目を立てればよいか、一人一人に合ったものを考えさせるよい方法を教えてください。

A 学校や学級の目標を考えながら項目を工夫しよう。

「目標なくして実践なし！」子どもたちには、学期の目標を、「学習、生活、健康」の三つの視点で考えさせるとよいでしょう。

① 「学習」では、「得意な教科をもっと伸ばしたい」あるいは、「苦手なこのことを改善したい」ということを考えさせる。

② 「生活」は、「〜を粘り強く○○する」「1日1回は人の役に立つ」「整理整頓をしっかりする」などのように、心のあり方や態度にかかわることを具体的に考えさせる。

③ 「健康」では、食に関することや生活リズム、運動に関することで、行事や季節の取組に関連づけて考えさせる。

A 学期ごとに目標をふり返らせて、次の学期の目標に結びつける工夫をしよう。

目標は、実現の喜びを味わってこそ意味のあるもの。一人一人が目標達成できるように支援し、学期末には振り返らせて成就感を味わわせましょう。

① 担任として一人一人の目標への取り組みをよく見て、達成の喜びを実感できるよう個に応じた支援をする。

② 学期末には、各項目の実現度を振り返らせ、その子なりの成果と課題を明らかにさせる。

③ 子ども同士の相互評価や担任の評価を知らせ、次の学期の取組の意欲を高める。

④ その学期の振り返りの結果を、次の学期の目標設定に活用できるように残しておく。

学校教育目標の「知」「徳」「体」って何？

「知」
知識や理解に関する目標で、学習の意欲や態度を言葉で表現しているもの

「徳」
道徳心など心のありようを言葉で表現しているもの

○○小学校教育目標
・明るく元気な子
・よく考え自ら学ぶ子
・思いやりのある優しい子

「体」
健康や体力の状態に関する目標を言葉で表現しているもの

教育では、知・徳・体のバランスのとれた人間を育成することを目指しているので、この3つの観点から目標を設定することが多い。

したがって、学期ごとの目標も三つの視点で立てさせるとよい

知	学習の目標
徳	生活・行動の目標
体	健康・運動の目標

Ⅰ 学級のつくり方 ① 共通の目標に向かって取り組む学級づくり

Q3 運動会や学芸会などの行事への取り組み目標は、どのようにつくらせたらよいですか。

運動会や学芸会、移動教室などの行事では、学級や学年が気持ちを一つにして取り組めるように目標を立てさせたいと思います。しかし、行事の準備に追われてしまい、「ああしなさい。こうしなさい」と指示を出すことが多くなってしまいます。子どもがやる気になるような目標の立てさせ方を教えてください。

A 年間の行事を見通し、学級活動の時間を有効に使うことが大切です。

まず担任が、年間の行事予定を見通すことが大切です。そして、いつごろ、どの行事について、どのように子どもに取り組ませたいか、指導の計画を練っておきましょう。

① 年度はじめに、学校の「教育計画」から主な行事を抜き出して、「○年□組行事指導計画」をつくる。
② 行事の前後の学級活動の時間で、「目標を立てる→行事の準備をする→実際に行う→振り返る」という取組の流れを計画する。
③ 子どもたちには、「行事は自分たちがつくるもの」という意識をもたせ、行事に主体的に取り組む姿勢を育む。

A 「こう頑張りたい」という意欲と行動目標を引き出そう。

その行事の目的や意義を知らせ、前年度のビデオや写真などを使ってイメージを具体的にすることが、意欲と目的意識を喚起することになります。

① 前年度のビデオや1年先輩の話をもとにその行事のイメージを膨らませる。
② どのように取り組みたいか、カードや短冊などに書かせ、「学芸会を大成功させよう！」といったテーマのコーナーを設けて掲示する。
③ 目標に向かって頑張っている子どもをほめる。
④ 行事終了後に相互評価させるなど、肯定的な評価を話題にして、達成感を高め、次の活動への意欲を高める。

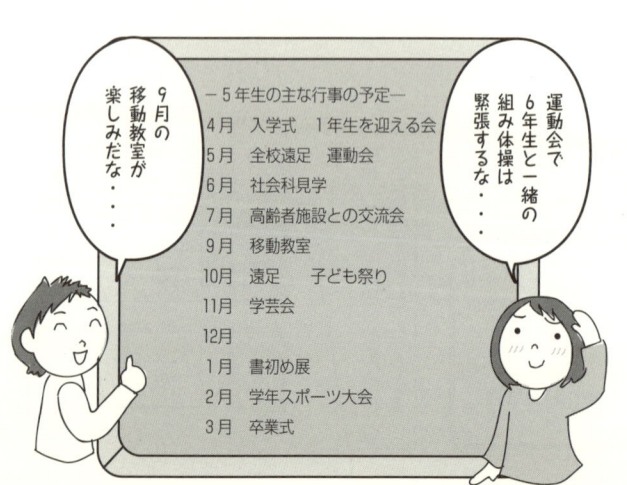

Q4 学校の月ごとの生活目標を、学級ではどのように扱うとよいですか。

毎月、校内の生活指導部から月の生活目標が示されます。生活目標が印刷されたプリントを教室には掲示していますが、子どもたちにどのように意識づけしたらよいかわかりません。子ども一人一人の取組が学級や学年全体の成果に結びつくようなものにする方法を教えてください。

A 生活をふり返って考えさせよう。

どんなすばらしい目標を掲げても、子どもが「先生に言われたからやる」という意識では、実のあるものにはなりにくい。当事者意識を高める工夫をしましょう。

① 月はじめの学級活動の時間などで、その月の生活目標について考え、話し合う。

② 学校全校でその生活目標に取り組む理由やその結果期待できることなどを確認する。

> なぜその目標が設定されているか。
> 全校で取り組むことによってどんなよいことがあるか。

③ 月の終わりの学級活動の時間などで、目標をふり返り、成果を中心に確認する。

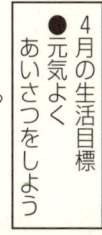

生活目標
各学校では、生活指導部が中心となって、生活指導の一環として学校全体で取り組むべき生活上の目標を月ごとに決めている。前年度の学校評価の中で、子どもや保護者、地域の実態をふまえて決めている。

A 生活目標を家庭や地域にも発信して、協力してもらおう。

生活目標を、学校だよりや学年だより、学級懇談会などで、家庭や地域にも発信し、理解と協力を求めましょう。

① 生活目標にかかわる学年や学級の実態を、それぞれ学年だよりや学級だよりに紹介し、学校で取り組もうとしていることを発信する。

② 年度はじめの学年保護者会や学級保護者会で、生活目標の趣旨や家庭の協力をお願いする。

③ 生活目標の実践によって、よくなったことをいろいろな場面で発信する。

```
－年間の生活目標－（例）5年1組
 4月  時間を守ろう。元気よくあいさつしよう。
 5月  休み時間は外に出て友だちと仲よく遊ぼう。
 6月  ろう下は静かに歩こう。
 7月  後かたづけをきちんとしよう。
 9月  時間を守ろう。話をしっかり聞こう。
10月  あいさつをしよう。言葉づかいに気をつけよう。
11月  休み時間は外に出て元気よく遊ぼう。
12月  学校をきれいにしよう。
 1月  あいさつをしよう。約束を守ろう。
 2月  体をきたえよう。
 3月  身のまわりをきれいにしよう。
```

I 学級のつくり方 ① 共通の目標に向かって取り組む学級づくり

Q5 学級内で生活班をつくるとき、どのような方法がありますか。

学級目標や子ども一人一人の学期の目標を実現するためにも、毎日、どのような生活班で子どもたちが生活するかはとても重要だと思います。しかし、生活班にはどのようなタイプがあって、どのようにつくればよいかよくわかりません。子どもたちが楽しく生活を送り、しかも「よい学級」づくりに結びつくような生活班のつくり方を教えてください。

A 何を重点におくかによって生活班のタイプが異なります。

1年生と6年生では生活班に求めるものが異なります。発達段階や活動の目的に合わせて生活班の人数を考えましょう。

① 1・2年生

入学期の1年生では、まず自分の席や隣の友だちを覚え、生活環境に慣れることが第一。名前順に席を決めるなど工夫し、「お隣」で一緒に活動することに慣れさせる。2年生も2学期になると4人ぐらいまでの生活班での活動が可能になる。

② 3・4年生

人数は4人程度で多くしすぎないようにする。学習での話し合いや作業、給食や清掃の当番など、共同で作業する場面を少しずつ増やしていく。

③ 5・6年生

人数は6人程度で、学習や係活動、話し合いなど、日常のすべての活動の基盤になるグループとして機能できるようにする。

A 生活班の中でリーダーを育て、学習を質の高いものにしよう。

生活班をどう編成するかということは、座席をどう決めるかということと関係します。どういうメンバーで構成するか、担任としての意図を明確にしておき、どうしてそういう班にするのか、子どもたちにも説明できるようにしましょう。

① 中・高学年の場合、各生活班にはリーダー的な存在の子どもを意図的に配置する。

② この活動だったら○○さんというように、子どもの相互理解に基づいて班長を決めることができるようにする。

清掃班の班長は三谷くん　　給食は佐藤さん

学習班の班長は山田さん　　移動教室では小山くん

③ 班長会議を開き、学級の課題を班長が共通理解して、班活動として日常活動で取り組めるようにする。

I 学級のつくり方 ② 学級生活のリズム

Q1 朝、子どもたちをどのように迎えたらよいですか。

学級生活のリズムをつくるには、子どもとの朝の出会いが大切だと教わりました。子どもと出会うと、一日の仕事にハリが生まれるとも聞きました。学級担任は、具体的には、学校のどこで、どのようにして子どもを迎えたらよいのでしょうか。また、その時どんなことを心がけたらよいのでしょうか。

A 笑顔とあいさつで明るく子どもを迎えよう。

子どもとの朝の出会いは、その日一日の生活に大きな影響を及ぼします。先生が明るく子どもを迎えることができれば、それだけで子どもも学級全体も明るくなります。

① 登校時刻前には教室で待つ。

子どもの登校時刻が8時からであれば、8時前には教室で子どもを待つようにするとよい。

学校によっては、校門で子どもを迎えるところもある。また、雨の日などは玄関昇降口で子どもを迎えるとよい。

② 「おはよう」の元気なあいさつをする。

子どもが教室に入ってきたら、元気な声で「おはよう」の言葉をかける。もしも、元気な挨拶が返ってこない子どもがいたら、「どうしたの、元気がないよ。」と声をかけ、話を聞くようにする。

③ 笑顔で子どもを迎える。

元気な挨拶とともに、先生の笑顔は子どもを元気づける。一日が笑顔でスタートできるようにするには、自分の健康管理が大切である。

A 自分から子どもに声をかけ、子どもとの会話を楽しもう。

一日のうち、子どもとゆっくり話ができる時間は案外少ないものです。朝の早い時間は、子どもが順番に教室に入ってくるので、言葉を交わすよい機会です。

① 気になる子どもに声をかける。

普段はおとなしい子どもでも、先生と二人になると自分を語ってくれることがある。また、普段から気になっている子どもの場合には、朝の会話からコミュニケーションが広がり、成果が生まれることもある。

② 聞き役に徹する。

先生は、つい子どもに指示的な話をしがちだが、このような機会の会話は、できるだけ聞き役に徹したい。子どもは、授業とは異なる場では、家のことや友だちのことなど、普段の学校生活では見られない姿を見せてくれることもある。

③ よい話を学級に紹介する。

朝の会話から得た「よい話」は、学級全体に伝え、お互いを元気づける材料にしたいものである。

I 学級のつくり方 ② 学級生活のリズム

Q2 学級生活のリズムを、どのようにつくったらよいですか。

学級での生活には、毎日のリズムや一週間のリズムなど、規則的な生活のリズムをつくることが大切だと言われています。学級担任として、生活のリズムをどのように整えていけば、子どもたちは規則正しい生活ができるようになるのでしょうか。生活のリズムをつくることの大切さや、リズムをつくるポイントを教えてください。

A 一日の生活リズムをつくろう。

学級の生活にリズムがあると、子どもの心が安定します。また、リズムを大切にした規則正しい生活ができるようになります。

1日のリズムを上手につくるコツには、次のようなことがあります。

① 物事のはじめと終わりの時間を決め、しっかり守るようにする。
② 給食の準備や掃除など、協力が必要な活動は、先生が率先して手本を示す。
③ 必要なルールを学級の成員みんなで考え実行できるようにする。
④ 繰り返してできるようになったことを、成果としてみんなで確認し合う。

A 朝と放課後の活動を定着させて、一週間のリズムをつくりましょう。

普段の時の学校の一週間は月曜日から金曜日までの5日間です。この5日間の時程で最も異なる時間帯は、朝と放課後です。

曜日ごとの朝と放課後の活動が定着すれば、一週間のリズムが生まれます。

朝と放課後は家庭と学校をつなぐ時間帯です。そこで、家庭でのリズムも一緒に組み込んで、一週間の過ごし方を考えさせるとよいでしょう。

【朝と放課後の曜日別活動例】
月曜日：「全校朝会」
・全校の子どもが一堂に会し、校長先生の話を伺う。
火曜日：「朝の会」
・学級ごとに朝の会を行う。
水曜日：「朝の会」「放課後遊びの日」
・授業は5時間で終了し、地域のボランティアの人と放課後遊びができる。
木曜日：「児童集会」
・全校の子どもが集まって、児童会主催の集会を行う。みんなでゲームを楽しむこともある。
金曜日：「朝の会」「放課後遊びの日」

日課表に見る一日のリズムとリズムをつくるポイント

8：00　登校開始	12：20　給食
・先生や友だちに元気よく挨拶する。	・協力して準備や後かたづけ。残さず食べる。
8：30　朝の会（全校朝会・集会）	13：00　休憩
・日直の司会で進行する。（先生は健康観察）	13：15　清掃
8：50　授業（1時間目）	・協力して素早く清掃。（先生も率先垂範）
・チャイムと同時に授業を開始。	13：40　授業（5時間目）
9：35　休憩・移動	14：25　休憩・移動
・5分間で次の授業の準備を完了。	14：30　授業（6時間目）
9：40　授業（2時間目）	15：15　帰りの会
10：25　中休み	・日直の司会で進行する。（明日の予定を確認）
・校庭で友だちと遊ぶ。（先生も遊びの中に）	・日直が戸締まりなどの確認・日誌の記入
10：45　授業（3時間目）	15：30　放課後（下校）
11：30　休憩・移動	・係の活動・遊び・勉強
11：35　授業（4時間目）	16：00　下校終了

	家での生活表
○家でも生活のリズムを大切にしよう。	午後
生活のリズムをつくるには、家での生活表をつくるように指導することも大切です。その際には、以下の事柄をポイントとして指導するとよいでしょう。	4：00（家に帰る）
	5：00
①道草をせずに家に帰る。	
・外出は必ず家に帰ってからにします。	6：00
②夕ご飯までに宿題をすませる。	
・毎日の宿題は、勉強の習慣づけに役立ちます。	7：00（夕食）
③毎日続けることを一つはもつ。	
・日記、新聞の切り抜き、短時間読書など。	8：00
④テレビやゲームは時間を決める。	
・守れそうな時間を考えさせるとよいでしょう。	9：00
⑤遅くとも10時には寝る。	
・早寝は、早起きと朝ご飯につながります。	10：00（寝る）

I 学級のつくり方 ② 学級生活のリズム

Q3 毎朝の子どもたちの健康観察をどのようにしたらよいですか。

毎朝の健康観察は、学級担任の大切な仕事の一つだと聞きました。子どもの健康状態をどのように観察するのでしょうか。一人一人の子どもに聞くのでしょうか。また、健康観察の結果、気になった子どもに対して、どのようなことに気をつけて対応したらよいのでしょうか。

A 子どもと目を合わせて、ていねいにチェックしよう。

朝、教室で子どもを迎え入れる際に声をかけた子どもについては、おおむね健康の様子がわかります。しかし、子どもたちの多くは登校時刻終了まぎわに教室に入ってきますので、その時間には健康状態まで把握することは困難です。そこで、朝の会の最初に健康観察を行うことが必要になります。健康チェックのポイントは、次の事柄です。

① 名前をよび、返事を聞く。
 ・声に元気があるか。
② 目を合わせて顔色や表情を見る。
 ・表情や顔色がよいか。
③ 連絡帳や自己申告で、健康に問題のある子どもを把握する。
④ 観察の結果を記録して、養護教諭（保健室）に報告する。

A 健康上課題のある子どもには、きめ細かく対応しよう。

健康観察の結果、問題があると思われた子どもには、養護教諭などと相談して、ていねいに対応することが必要です。

① 保健室で様子をみる。
　子どもの中には、家を出るときは何もなくとも、学校に来て症状が現れることがある。検温などにより、しばらく様子をみることが大切である。
② 家庭と連絡を取る。
　子どもの様子によっては家庭に連絡し、家での様子や学校に来てからの様子を情報交換し、その後の対応を決めるとよい。症状が悪化する可能性が高く、家庭に帰す場合には、必ず家の人に迎えに来てもらうようにする。
③ 管理職の判断を仰ぐ。
　近年、保護者の虐待により体調に異変をきたす子どもがいる。子どもの心身の様子から、虐待の恐れがあると思われたら、校長・教頭など管理職に報告し、判断を仰ぐことが必要である。

Q4 「今週の予定」の黒板には、どのようなことを書くとよいですか。

教室には、背面や側面の黒板などに、一週間の学習の様子や学校行事などの予定を書くスペースがあります。このような、「今週の予定」欄が設けられているのは、どういう目的があるのでしょうか。また、ここには、いつ、誰が、どのような内容のことを書くとよいのでしょうか。活用の仕方を教えてください。

A 伝えたいことを明確にしよう。

「今週の予定」の黒板は、連絡・周知のためのものです。伝えたいことが明確に伝わるようにすることが第一です。

黒板に記述する内容としては、一般的には次のようなことが考えられます。

① 週の行事
② 持ち物
③ 提出物（いつまでか）
④ 時程・時間割などの変更

今週の予定

月	全校朝会
火	家庭科（エプロン・三角巾）
水	放課後遊びの日
木	児童集会
金	国語作文提出
土	土曜スクール（9時から12時）
日	

A 子どもの係活動とするなど、創意工夫をこらそう。

3つの創意工夫を提案します。

① 「今週の予定」ではなく「一週間の予定」とする。

「今週の予定」であれば一週間分まとめて書くことになるが、「一週間の予定」であれば、一週間先までの予定を毎日書き加えていくことになる。予定表の本来の趣旨を考えると、「一週間の予定」の方がよい。

② 係の子どもが板書する

学年が上がった段階では、先生が黒板に書くよりも、係を決めて子どもが黒板を使うようにするとよい。

③ 内容も子どもの発想で

黒板に書く内容は、左に示した連絡事項以外のものを、係の子どもに考えさせる方法もある。学校の中のことだけでなく、社会の様子に目を向けて「世の中の出来事」が黒板に記されるようになれば、さらによい。

Ⅰ 学級のつくり方 ② 学級生活のリズム

Q5 学級の中の係活動には、どのようなものがありますか。

係活動が活発に行われる学級は生き生きしているように見えます。係活動は、子どもたちが自主的に学校での生活をよりよくしようとする実践力を育てるために有意義だと聞いたことがあります。学校内の係活動には、実際にどのようなものがあり、どのような係をつくったらよいのでしょうか。

A 係活動の内容は学級のカラーをつくりましょう。

どのような係が必要かは、学級によって異なります。なぜかというと、係活動には次のような特徴があるからです。

① 学級の児童が学級内の仕事を分担処理するための活動である。
② 児童が自分たちで話し合って係の組織をつくって行う活動である。
③ 全員で幾つかの係に分かれて自主的に行う活動である。
④ 児童の力で学級生活を豊かにすることをねらいとしている。

（以上、「小学校学習指導要領解説特別活動編」より）

このようなことから、係の存在はこれといった決まったものはなく、学級によってさまざまです。それだけに、係活動が学級のカラーに影響を及ぼすことは間違いありません。

A 係活動の2つのタイプを検討し、選択しましょう。

〔事務処理型〕先生の手伝いだけにならず、自主的創造的な活動が工夫されるようにすることがポイントです。

（例）
・黒板係：週の予定などを黒板に書く。
・掲示係：作品や連絡を掲示する。
・体育係：持ち物の連絡や準備を行う。
・保健係：健康観察の報告や連絡を行う。
・学習係：持ち物や宿題の連絡を行う。
・配り係：便りや作品などを配る。

〔自主活動型〕活動の時間を保証し、学級生活を豊かにするアイデアを引き出すことがポイントです。

（例）
・遊び企画係：毎週○曜日の中休みの遊びを企画する。
・レクリエーション係：学級活動などでのレクリエーションを企画・進行する。
・新聞係：発行日を決めて、新聞で話題を提供する。
・飼育係：教室の生き物を飼育する。
・栽培係：教室の植物を栽培する。
・音楽係：朝の会で歌う歌を決め、伴奏する。

こんな係があると楽しい学級になるねーっ。

Q6 子どもの座席を決めるとき、どのような配慮が必要ですか。

教室の座席は、子どもにも保護者にも関心が高く、ある学級では、くじ引きで決めたら保護者からクレームが来たという話も聞きました。また、子どもにまかせたら、仲間はずれの子どもができたという話も聞きました。このようなことにならないようにするためには、どのようにして座席を決めたらよいのでしょう。

A 教師が責任をもって決めよう。

座席の決め方は、子どもの学校生活を左右しかねない重要なできごとです。仲良しの友だちと並べて元気が出る子どももいれば、思うような席に座れず、学校に来るのが苦痛になる子どももいます。

座席の決め方にはきまりがあるわけではありません。大きく、以下のような3つの方法が考えられます。

① 先生が決める。
② 子どもが相談して決める。
③ 背の順など機械的に決める。

低学年では先生が、高学年では子どもが相談して決めるということも考えられます。しかし、不都合が生じたり、クレームがあったりしたときの責任の所在を考えると、いずれの学年でも、先生が責任をもって決めることが望まれます。

先生が座席を決めるにあたっては、どの子どもも納得して、学ぶ意欲が高まるような配慮が必要です。子どもの意見を聞きながら決めるということも考えられます。

A きめ細かな配慮と保護者への説明を忘れないようにしよう。

先生が座席を決める場合には、以下のような配慮が必要です。

① 本人や保護者の意見を聞いて、配慮を要する子どもの座席を優先的に確保する。
② 子どもの意見や要望を事前に聞いて、取り入れる必要があるものは取り入れる。
③ 同じような組み合わせが続かないようにし、1年間を通していろんな人とつき合いができるように工夫する。
④ 保護者から質問などがあったときには、自分の考えをはっきり説明し、協力を求める。

I 学級のつくり方 ② 学級生活のリズム

Q7 班（グループ）や教室の中での係を決めるとき、どのような方法がありますか。

　班（グループ）や教室の中での係を決めるとき、子どもの自主性を尊重して子どもに決めさせた方がよいのか、それとも自分（先生）が指導性を発揮して決めた方がよいのか迷ってしまいます。決め方にはどのような方法があるのですか。また決めるとき、どんなことに気をつけるとよいのかを教えてください。

A 班（グループ）は先生が決めよう。

　班（グループ）づくりは学級の人的構成にかかわる重要な仕事です。このことを子ども同士が話し合って決めるには多くの課題があります。先生の学級経営上の大切な仕事と受けとめ、先生自身が決めることが必要です。
　班（グループ）には学習班と生活班があり、次のことに気をつけます。
【1・2年生】
　隣同士の二人で仲良く活動できるようにすることが大切。学習班・生活班ともに2～4人グループが適当である。
【3・4年生】
　4人くらいのグループがよい。学習班・生活班ともに同じメンバーにして、しっかりした協力体制をつくりあげることがポイントである。
【5・6年生】
　4～6人くらいのグループで活動できるようにするとよい。生活班を固定し、学習班は教科や教室によって変化させることも可能である。
　なお、班の中での役割分担は、子どもたちの話し合いに任せてよいのですが、どの子どもも活躍の場がもてるように分担の仕方を指導する必要がある。

A 係は子どもに決めさせよう。

　係活動は、学級の児童が学級内の仕事を分担処理するための活動です。従って、係は子どもたち同士の話し合いで決めた方がよいでしょう。
　ただし、低学年ではすべてを子どもに委ねることはできません。「先生が提案する」→「子どもの考えを聞く」→「先生が決めた係を子どもが選ぶ」などの方法も考えられます。
　高学年では、次のような手順で係を決めるとよいでしょう。
① 先生が学級経営や係活動の方針を子どもに伝える。
② 子どもたちで話し合って係の種類や活動の内容を決める。この時、経営方針に照らして修正して欲しい活動や係活動として相応しくないものがあれば、指導して修正させる。
③ 子ども同士で係を選択し、係を編成する。
④ 係ごとに集まり、リーダーや具体的な活動内容を決める。
⑤ 実際に活動をスタートさせた後、折に触れて活動状況を評価し、いっそう意欲的な活動を促すようにする。

係活動のアイデア

遊び企画係

毎週○曜日の中休みは、みんなで遊ぶ日です。校庭での遊びのアイデアを募集しています。

レクリエーション係

○曜日の朝の会のレクリエーションは、私たちが企画します。今週は"なぞなぞ"を予定しています。

新聞係

新聞にのせる4コマ漫画を募集します。ほかにも伝えたい出来事があれば教えてください。取材に行きます。

飼育係

今日から"かめさん"がクラスの仲間になりました。ニックネームを募集しています。

栽培係

ゼラニウムの鉢を増やして、校舎を花でいっぱいにする計画を立てました。

音楽係

帰りの会に元気よく歌を歌いたいという提案がありました。さっそく、歌いたい歌のリストをつくってみました。

○ 係の種類と同様に、活動のアイデアも子どもの発想を生かすようにすることが大切です。

I 学級のつくり方 ② 学級生活のリズム

Q8 学級での生活におけるルールには、どのようなものがありますか。

規律正しい学級での生活が送れるようにするために、ルール（約束やきまり）が必要だと聞きました。学校全体で決められているルールに加えて、学級独自に必要なルールを決めたいと思っています。生活におけるルールにはどのようなものがあり、どのように指導したらよいのでしょうか。

A ルールの意味を指導しよう。

学級生活は学校生活そのものですから、学級のルールの基本は、学校のルールを守ることです。

学校のルールとしてみんなで守らなければならないものには、例えば、登校から下校までを考えると、次のようなものがあります。

① 登校時刻を守ろう
② 靴を整頓して入れよう
③ 元気よく朝のあいさつをしよう
④ チャイムを守って行動しよう
⑤ 廊下を正しく歩こう
⑥ 休み時間は外で元気に遊ぼう
⑦ 給食を残さず食べよう
⑧ 掃除をしっかり行おう
⑨ 忘れ物をしないようにしよう
⑩ 下校時刻を守ろう

これらは、全校の生活指導目標として、週や月ごとの目標とされている場合もあります。

A 学級のルールには、さまざまなものがあります。

学級生活のルールには、次のようなものがあります。

① 「けじめ」に関すること。
 ・挨拶、時間など
② 「友だち」に関すること。
 ・言葉づかい、約束など
③ 「教室環境」に関すること。
 ・掃除、ゴミ拾いなど
④ 「健康」に関すること。
 ・外遊び、給食など

学級生活のルールを決めるには、次のことに注意します。

① 先生が学級の経営方針を伝え周知する。
② 学級の成員が話し合い、集団生活を送る上で必要な約束をつくる。

ルールの決め方やその内容は、子どもの発達段階や学級の実態によって違ってくることがあります。

【学級生活のルール】

【けじめ】
1 遅刻をしない。
2 始めと終わりの時刻を守って行動する。
3 だれにでもあいさつができる。
4 おじぎがきちんとできる。
5 けじめのある動作ができる。

【友だち】
1 「くん、さん」をつけて友だちをよぶ。
2 「はい」の返事をしっかりする。
3 「ありがとう」「ごめんなさい」がはっきり言える。
4 差別的な言葉や乱暴な言葉はつかわない。
5 友だちの間違いや失敗を笑わない。

【ルールを身につけさせるポイント】
・何故そのルールが必要かを考えさせる。
・ささやかな進歩であっても認め、ほめる。
・くり返し、粘り強く指導する。

【教室環境】
1 だまって掃除をし、時間内に終了する。
2 清掃用具を正しく使い、後片づけをきちんとする。
3 落ちているゴミを進んで拾う。
4 使った学級の道具は元に戻す。
5 自分の持ち物を整理整頓する。

【健康】
1 早寝、早起きを頑張る。
2 朝ご飯をしっかり食べて登校する。
3 天気がよい日は外で元気に遊ぶ。
4 給食は残さず食べる。
5 外から帰ったら、手洗い、うがいをする。

I　学級のつくり方

I 学級のつくり方 ② 学級生活のリズム

Q9 学級での学習におけるルールには、どのようなものがありますか。

子どもたちに学習のルールを身につけさせると、子どもたちの話し合い活動が活発になったり、学習態度が主体的になったりするなど学習の成果が上がると聞きました。学級で身につけさせる必要がある学習のルールには、どのようなものがあるのでしょうか。また、このようなルールはどのようにして身につけさせたらよいのでしょう。

A 学習のルールは、授業にメリハリと深まりをつくります。

子どもに身につけさせたい学習のルールとは、授業中にみんなで行う約束です。

① 授業のはじめと終わりに挨拶をする。

このことは、けじめをつける上でも必要である。低学年の子どもなどで、号令だけではけじめがつかないときには、日直を前に出して挨拶させるとよい。

② 話し合いのルールをつくる。

話す、聞く、考えるなどの学習がメリハリをもって行われるとき、学習の効果が上がる。特に集団での学習では、話し合いのルールが身に付いているとメリハリのある学習になる。

③ 「話す・聞く・読む・書く」ときの基本を身につける。

これらは、国語の学習だけでなく、すべての教科の学習に必要な基本である。この基本となるルールを身につければ、授業はスムーズに展開し、成果も上がることが期待できる。

A 話し合い（発表）のルールを身につける。

学習における話し合い活動では、次のような学習ルールを指導しましょう。

① 意見があるときは黙って手をあげる。

「はい、はい。」は考えている子のじゃまになることを伝える。

② 指名されたら「はい。」と返事をして立つ。

立って話をすることで、自信をもって意見が言えるようにする。

③ 発言する人はみんなの方を向いて話し、発言を聞く人は発表者の方を向いて聞く。

「へそを向けるように」指導すると、顔だけではなく、体全体が向くようになる。

④ 賛成・反対などの意見は、ハンドサインで意思表示する。

例えば、賛成は「パー」、反対は「グー」、質問は「チョキ」、つけ足しは「ひとさし指」などと決めておくと、他の人の考えが目で把握できるようになる。

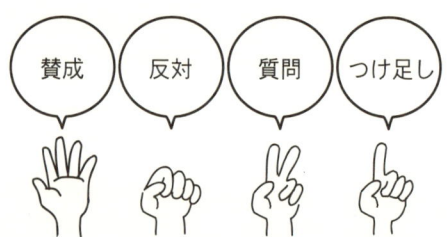

【「話す・聞く・読む・書く」ルール】

【話す】
1. 「はい」と答えて立つ。
2. 聞く人の方に体を向ける。
3. 結論→理由の順に話す。
4. 語尾が聞こえるように、最後まではっきり話す。
5. 場にあった声の大きさで話す。

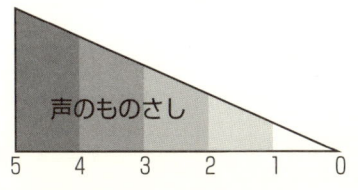
声のものさし
5 4 3 2 1 0

【聞く】
1. 話をしている人の方に体を向ける。
2. 話をしている人の口や表情を見て聞く。
3. 聞いているときは、手を膝に置くようにする。
4. 質問したいことを考えながら聞く。
5. 話す人の気持ちを考えながら聞く。

【ルールを身につけさせるポイント】
・はじめが肝心。はじめに徹底させる。
・できるようになったことはほめ、保護者にも伝えるようにする。
・あきらめず、くり返し、粘り強く指導する。

【読む】
1. 背筋を伸ばし姿勢をよくする。
2. 教科書を持ち、目の高さにする。
3. しっかり口を開けて読む。
4. はっきりした言葉で読む。
5. 気持ちを込めて読む。

【書く】
1. 姿勢をよくする。
2. 芯を削った鉛筆を使う。
3. 鉛筆を正しく握る。
4. 一文字ずつていねいに書く。
5. 書き終わった文は必ず読み返す。

Ⅰ 学級のつくり方 ② 学級生活のリズム

Q10 「朝の会」の内容と進め方は、どのようにしたらよいですか。

「朝の会」は一日のはじまりですから、明るく元気になるような会にしたいと思っています。「朝の会」の時間は、せいぜい15分程度です。この時間には、担任がいないこともあります。会は、どのような内容から構成するとよいのでしょうか。また、会の進め方は、どのように行ったらよいのでしょうか。

A 学級経営方針をふまえた内容にしよう。

どのような内容にするかは、自分自身の学級経営方針をふまえて決めるとよいでしょう。

参考までに考えられる内容としては、次のようなものがあります。

① 連絡・報告に関する内容
　・出席の確認（健康観察）
　・連絡や諸注意（先生から）
　・係からの連絡
② 学習と関連した内容
　・読書感想文の発表
　・詩や俳句などの発表
　・ニュースの発表
　・漢字調べ競争（国語辞典）
　・地名探し競争（地図帳）
③ 学級集団の気持ちをまとめる内容
　・学級の歌の合唱
　・朝のクイズ

これらのうち、①は必要事項ですが、②③については、他のアイデアも含め、学級の個性が出せるものを考えるとよいでしょう。

A 短い時間に効率よく進めよう。

「朝の会」の時間は長くても15分程度、短いところでは5分というところもあります。

この時間を効率よく使うには、次のようなものがあります。

① チャイムと同時に会を進行する。
　　先生がいるいないにかかわらず、チャイムと同時に、日直が司会をして会を進行するようにする。
② 連絡は黒板を活用する。
　　黒板などに書いて伝えることができるものは、書くことによって連絡する習慣を身につけるとよい。
③ 日替わりメニューを工夫する。
　　やりたいことがたくさんあっても時間が許さないのが現状。そこで、毎日内容を変えて、日替わりメニューで会を進行する方法も考えられる。

⑦　朝の会

Q11 「帰りの会」の内容と進め方は、どのようにしたらよいですか。

「帰りの会」は、子どもたちが一日をふり返り、明日への希望がもてるようなさわやかな会にしたいと思っています。どのような内容がよいでしょうか。または子どもに進行させた方がよいですか。それとも教師の方で行うのですか。会の進め方は、どのように行ったらよいでしょうか。

A 一日の反省をしっかりしよう。

どのような内容にするかは、朝の会と同様に、自身の学級経営方針をふまえて決めるとよいでしょう。ただし、「帰りの会」は「朝の会」と比べてバリエーションは多くありません。次のような内容が中心になります。

① 連絡・報告に関する内容
　・明日の連絡や諸注意（先生から）
　・係からの連絡
② 一日の反省に関する内容
　・日直や当番からの反省
　・頑張った人やよい行いをした人の紹介
③ 学級集団の気持ちをまとめる内容
　・学級の歌の合唱
　・今月の詩の朗読

中でも、一日の反省をしっかり行うことが、翌日からの学級活動の改善につながります。

A よい行いをほめる会にしよう。

「帰りの会」は10分から15分程度の時間で行います。日直の司会で、「一日の反省」を中心に行うのがよいでしょう。

この中でも、「頑張った人やよい行いをした人の紹介」はお勧めです。

例えば、
・困っている友だちを助けてあげた。
・掃除当番の仕事を、人一倍熱心に行った。
・今まで頑張ってもできなかった人が、給食を残さず食べた。
・小さい子どもの面倒を見て、低学年の先生に感謝された。

などのことを、お互いに見つけてほめるようにするのです。発表しきれない場合は、メモに書いて先生に提出する方法もあります。

ところで、「頑張った人やよい行いをした人の紹介」では、先生自身も、目立たない子どものよさに目を向けて、紹介者の一人になってほしいものです。

I 学級のつくり方 ② 学級生活のリズム

Q12 出張するときには、子どもたちにどのような指示をしておくとよいですか。

 研修などで出張したとき、子どもたちがきちんと勉強や生活ができているかどうかが心配になります。他の先生にお願いするとき、どのような準備をすればよいのでしょうか。また、担任がいなくとも子どもたちが困らないようにするために、出張するときどのようなことを指示したらよいのでしょうか。

A 「困ったときには○○先生に相談しよう。」

学校では、先生が出張したときには、代わりの先生が教室に来て指導することになっています。ですから、出張する先生が心配をする必要は基本的にありません。

ただし、担任の先生の出張は、子どもたちにとっては、気軽に相談したり甘えたりできる人がいなくなるわけですから、心細く、緊張するものです。担任の先生が、出張するときに指示を与えるのは、こうした子どもたちの心細さを解消するとともに、学級集団のまとまりを確認させる意義があると考えられます。

そのための指示としては、例えば、次のようにするとよいでしょう。

・「困ったときには隣の教室の○○先生に、遠慮しないで相談してください。先生からもお願いしてありますから大丈夫です。」
・「はじめての○○先生が教室に来てくれます。みんなの素晴らしい様子を見て、ビックリするかもしれないね。」
・「このクラスのよさを、教室に来てくれる先生たちに見てもらってください。先生たちからどんなお話がきけるか楽しみです。」

A 担任がいないときに仲よくできる学級が本当の仲よし学級

先生が出張したために、子どもたちに加重な負担をかけるとしたら本末転倒です。かといって、伸び伸びと羽を伸ばし、事故でも起こされては困ります。

子どもたちには、最低限「けんかをせずに仲よくすること」を指示するのがよいでしょう。

例えば、「いつものように、けんかをせずに仲良くしましょう。もしも、けんかしそうになっても、今日だけはじっと我慢してね。」、「見ていないときに仲のよい学級が、本当の仲よし学級です。」などと指示することで、子どもは先生の願いをしっかり受けとめることでしょう。

翌日には、担任不在時の子どもたちの頑張りを、しっかり聞いてあげることが大切です。

I 学級のつくり方 ③ 教室環境づくり

Q1 子どもの作品を掲示するとき どのような配慮が必要ですか。

 子どもの作品を掲示するときに、配慮が足りないために子どもの気持ちを傷つけてしまうようなことがあると聞きました。子ども一人一人を生かそうと思って作品を掲示しているのに、そのようなことになったら大変です。どのようなことに気をつければよいかを教えてください。

A 掲示物は、多くの人の目に触れる「個人情報」です。

子どもが特定される情報については細心の注意が必要です。個人情報の扱いは教育活動だからいい加減でもよいということはありません。

① 自己紹介カードの顔写真や誕生日、好みなどの掲示に際しては、保護者に説明し同意を得ることが基本です。

学級便りでお知らせ ⇒ 自己紹介カードをつくります！
カードの内容は、顔写真（学級で撮影します）、誕生日、好きな学習・食べ物・スポーツなどです。教室に掲示します。ご承知ください。

② 家族構成や家族の個人的な出来事などが書かれた作文などの作品は掲示しない。（文集などにも掲載しない。）

掲示などで公表しない事柄(例)
○血液型・・・・
○家族構成・・・
○好きな人・・・
○嫌いな人・・・

③ 情報の時期や内容が変わった場合は、すぐに新しいものに変える。

個人情報
その情報を見れば、「○○さんのことだ」と個人が特定されるような情報のこと。学校は、「個人情報の宝庫」と言われている。学校が開かれ、多くの人々が出入りするようになり、個人情報の扱いにはますます細心の注意が必要になってきている。

A 教師の人権感覚を発揮し、子どもの側に立って考えよう。

子どもの作品は子どもそのものだと考えましょう。そうすれば自ずと注意すべきことが見えてきます。

① 全員のものを掲示する。学校を休みがちな子どものスペースも忘れてはいけない。

② 作品に直接画鋲を刺さない。習字の作品や絵などは台紙に貼ることが基本。

③ 「忘れ物調べグラフ」など、子どものマイナス面が強調されるようなものは掲示しない。

④ 社会科新聞などの学習作品にコメントをつける場合、子どもによってコメントの文章量が違い過ぎないようにする。また、作品部分への直接的な書き込みは避ける。

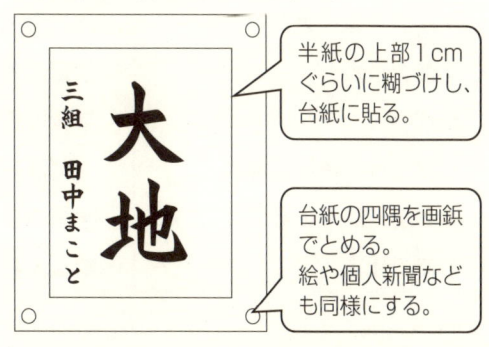

半紙の上部1cmぐらいに糊づけし、台紙に貼る。

台紙の四隅を画鋲でとめる。絵や個人新聞なども同様にする。

Ⅰ 学級のつくり方 ③ 教室環境づくり

Q2 教室内には、どのような掲示物が必要ですか。

　教室には、黒板の上の面をはじめとして廊下側の面や後ろの面など、掲示スペースがたくさんあります。掲示によって雰囲気のよい教室は、子どもや保護者の印象もよいと思いますが、どのような掲示物があるとよいのでしょうか。また、子どもの作品などを掲示するときに配慮すべきことは何ですか。

A 学級の目標やルールなどをわかりやすく掲示しよう。

　教室の前面の掲示スペースには、学級の目標やルールなど共通に理解をしておきたいことを掲示し、それらをもとにまとまりがあり、やる気、行動力のある学級づくりを目指します。

① 黒板の上面には学校の教育目標、学級目標、学級のスローガンなどを掲示する。
② 正面に向かって右側には「今月の生活目標」や時間割、朝の会や帰りの会の進め方、日直の仕事、係や当番の役割、順番などを掲示する。
③ 「声のものさし」や「ハンドサイン」のように、学習のルールを掲示する。
④ 学年だより、学級だよりなどを掲示して、学習や行事の予定を確かめることができるようにする。

A 子ども一人一人を生かす掲示を工夫しよう。

　教室の側面や廊下、後方のスペースには、子どもの学習活動の様子や作品などを掲示し、一人一人の成長の証をみんなで確かめ合いながら学校生活を送ることができるようにします。

① 個人のプロフィールや決意表明、学期の目標など一人一人をPRするコーナーをつくる。
② 習字の作品、社会科・理科新聞などの学習成果を掲示する。
③ 背面黒板には、週の行事予定や係からの連絡事項など、子どもの主体的な活動を促す情報を掲示する。

年間をとおして掲示するもの	月や学期、季節で掲示するもの
□学校教育目標　□学級目標	□学年だより・学級だより
□学級のスローガン	□月の生活目標　□献立表
□年間行事表	□学期ごとの個人目標
□時間割表	□学習の作品
□給食当番・清掃当番表	**必要に応じて掲示するもの**
□朝の会・帰りの会の進め方	□学習のルール（ハンドサイン等）
□日直の仕事	□学習内容の確認事項

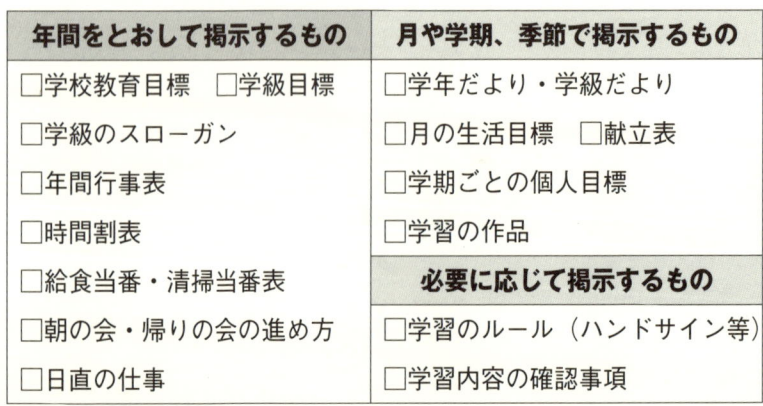

コーナーを分けて掲示を工夫する！

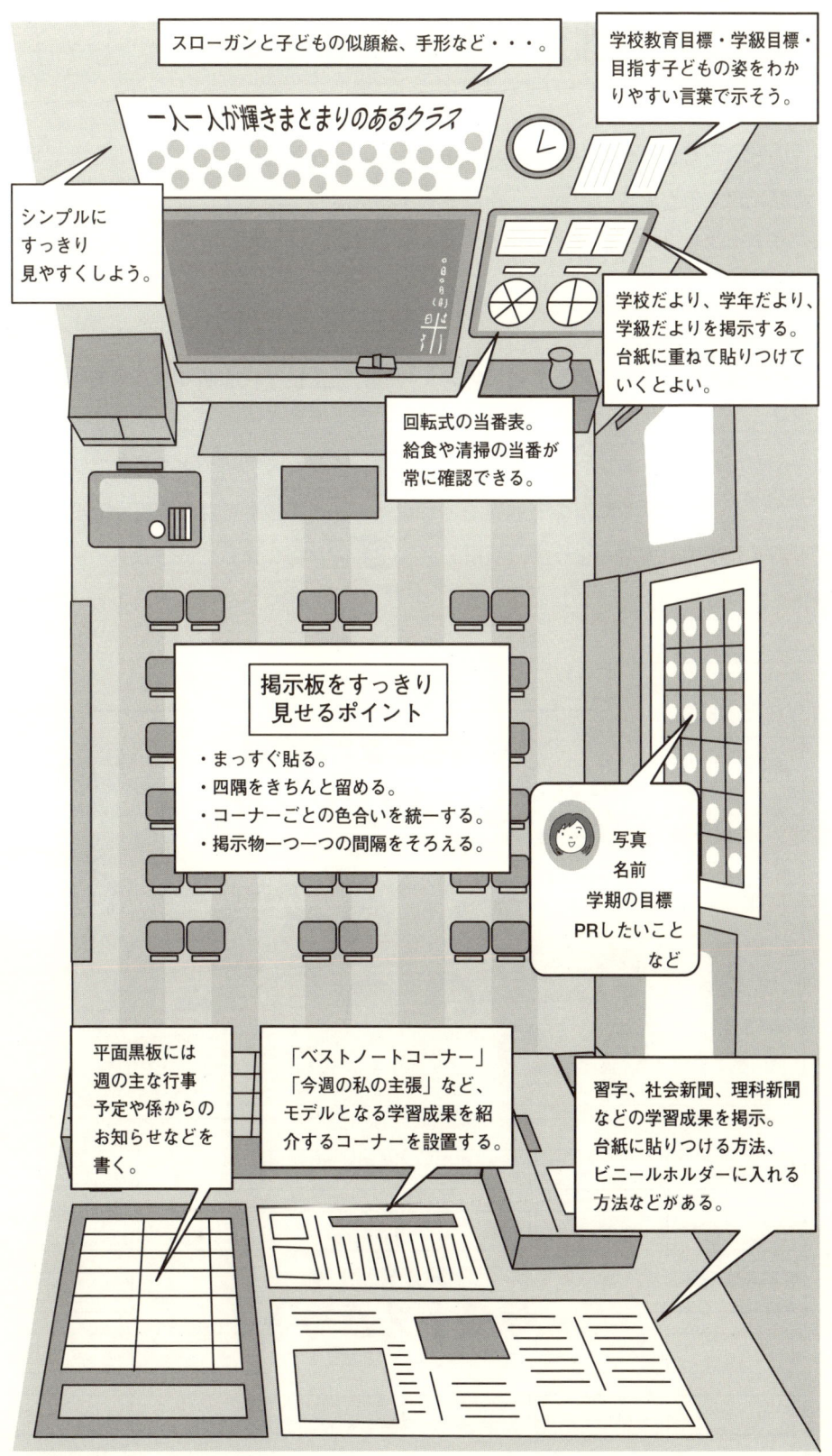

I 学級のつくり方 ③ 教室環境づくり

Q3 教室掲示の仕方には、どのような方法がありますか。

子どもたちが自分たちの教室を好きになるような教室掲示を工夫したいと思います。学級経営が上手な先輩の教室は、やはり掲示物も凝っています。目標や当番表などそれぞれの掲示物を工夫するヒントがあれば、すぐにでもやってみたいと思います。工夫のポイントを教えてください。

A 子どもに作業させて「味のある」掲示物をつくろう。

子どもの作業が加わると、温かい感じの掲示になります。また、そこに掲示されたことへの子どもの主体性も高まります。模造紙をうまく活用して学級の一体感のある掲示物を工夫しましょう。

① 模造紙2枚を貼り合わせると、学級全員を扱った一体感のある掲示物ができる。
② 子どものアイデアを採用し、できるだけ作業させて当事者意識を持たせる。
③ 掲示物を通して、学級への所属感、学級での自己存在感を高めさせる。

- 子ども一人一人に明るく、楽しそうな表情で似顔絵を描かせる。
- 学級のスローガンを実現するために、頑張りたいことを家庭で相談させ、似顔絵と共に掲示する。

学級のスローガン（一年の例）
いつもニコニコ 明るく元気な1年2組！

行事に向けての学級目標（六年の例）
ゴール目指して ラストスパート！
悔いの残らない卒業式に・・・

- 悔いを残さず、卒業式を成功させるための決意表明を掲示する。

A 子どもの主体性を促し、係や当番の活動を機能させる掲示物をつくろう。

　子ども一人一人の役割が「一目瞭然」となる掲示物を工夫し、係・当番活動を活性化させ、生産性のある学級づくりを目指しましょう。

① 係・当番の仕事の内容を具体的に掲示し、取組状況を常にふり返られるようにする。
② どの班がどの当番にあたっているか、いつでも確認できるようにする。

A 学び方、活動のルールなどの「基礎・基本」を身につける掲示物をつくろう。

　学習活動の進め方や学級全体で共通理解しておくルールなどを、子どもが常に確かめながら学習できる掲示物を工夫しましょう。

① 声の大きさや速さ、話し合いの進め方など表現の仕方に関する約束を掲示する。
② 調べ活動の手順や考え方の道筋など、問題解決・思考の仕方に関するヒントを掲示する。

Ⅰ 学級のつくり方

日直の仕事確認表

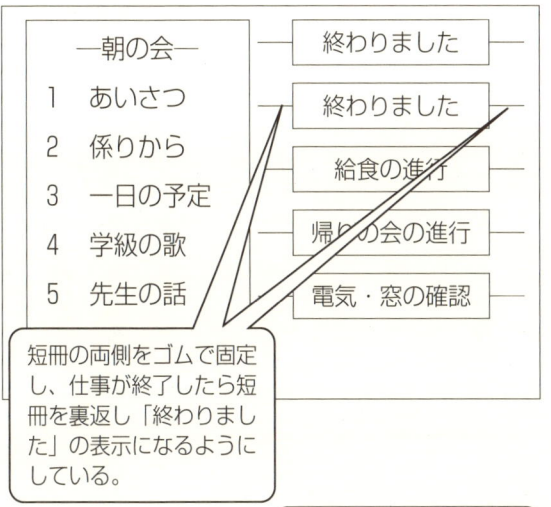

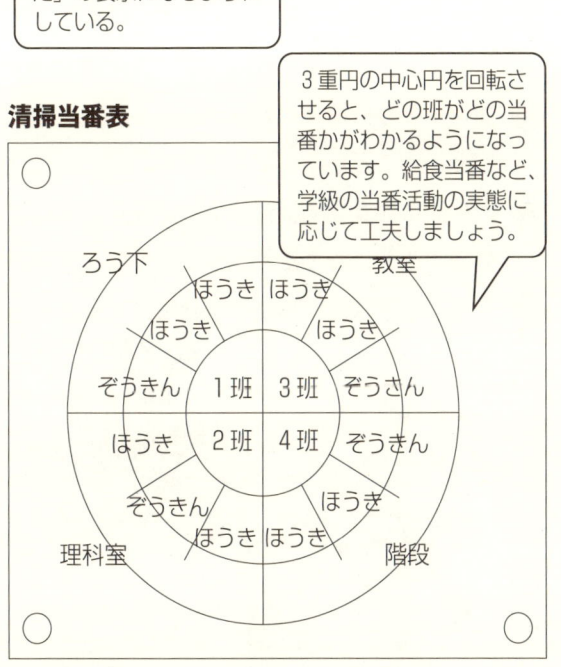

―朝の会―	
1 あいさつ	終わりました
2 係りから	終わりました
3 一日の予定	給食の進行
4 学級の歌	帰りの会の進行
5 先生の話	電気・窓の確認

短冊の両側をゴムで固定し、仕事が終了したら短冊を裏返し「終わりました」の表示になるようにしている。

清掃当番表

3重円の中心円を回転させると、どの班がどの当番かがわかるようになっています。給食当番など、学級の当番活動の実態に応じて工夫しましょう。

（ろう下／教室／階段／理科室　外周：ほうき・ぞうきん　内周：1班・2班・3班・4班）

声のものさし

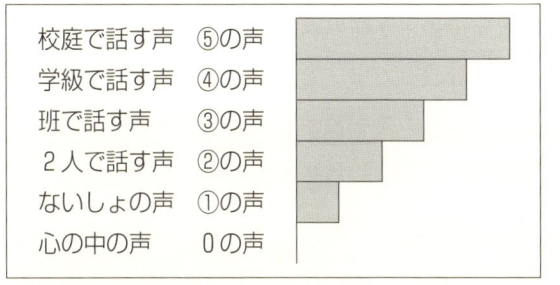

校庭で話す声	⑤の声
学級で話す声	④の声
班で話す声	③の声
2人で話す声	②の声
ないしょの声	①の声
心の中の声	0の声

調べ学習の進め方

調べ学習の作戦を立てよう
1　調べたいことは何ですか？
2　何を使って調べたらよいと思いますか？
　　（教科書、資料集、図書、パソコン）
3　調べた結果をどのようにまとめますか？
　　（ノート、新聞、パンフレット、……）
4　それをどのように発表しますか？

算数の問題解決のヒント

☆ わかっていることは何？わからないことは何？
☆ 似た問題を解いたことはあるかな？
☆ これまで学習したことで使えることは？
☆ 簡単な数にして考えてみたら？
☆ 図をかいてみたら？

I 学級のつくり方 ③ 教室環境づくり

Q4 教室内の花や小鳥などの世話を、子どもにどのように取り組ませるとよいですか。

ある子どもがザリガニを持ってきたときに、学級中の子どもが飼いたいと言ったので、飼うことにしたのですが、1週間もすると誰も見向きもしなくなってしまいました。教室で生き物を育てることは意味のあることだと思いますが、命の重みを子どもたちに自覚させて世話をさせるにはどうしたらよいのでしょうか。

A 役割を決め、生き物の世話をさせよう。

教室での生き物の世話は、命の重みを実感させる貴重な機会です。子どもたちの最初の興味・関心を、一つの命を預かる責任へとうまく導いて、飼育の喜びを味わわせましょう。

① 飼育の目的とそのための役割分担をはっきりさせる。

② 調べ学習や飼育の記録、新聞づくりなど、学習活動とも結びつける。

③ 飼育の記録をもとに感想発表させる。

A 衛生面にも十分な配慮をしよう。

小動物や植物の飼育、栽培ではその世話とともに、衛生面に十分注意して常に清潔に保つことが大切です。

① 飼育・栽培のコーナーを決めて、水槽やかご、植木鉢などのまわりには他の物を置かない。

② 水や土をこまめに替える。子どもの世話任せにせず、必ず点検する。

③ 間違っても動植物の死骸が放置されているなどということがないようにする。

④ 衛生面に注意して、動植物の死骸をきちんと処理するところまで子どもにも学ばせる。

⑤ 子どもの中には、小鳥や小動物にアレルギー反応をおこす者がいることに配慮する。

※動植物の死骸は決められたところに処理する。

I 学級のつくり方 ④ 授業以外の指導のコツ

Q1 休み時間や遊び時間の指導を、どのようにしたらよいですか。

学校生活の中で、休み時間や遊び時間は子どもたちが楽しみにしている時間です。しかし、友だちと馴染めなくていつも一人でいる子どもがいます。また、始まりのチャイムが鳴ってもいつまでも遊んでいる子どももいます。子どもたちが自由になる休み時間や遊び時間についての指導をどのように行ったらよいのでしょうか。

A 休み時間の目的や利用の仕方について、指導しよう。

休み時間は授業の区切りであり、通常5～10分間設定されています。これは、メリハリのある学校生活を送るために重要な時間です。授業が休み時間や遊び時間まで延びるのは決して望ましくありません。

休み時間は、休憩のための時間であり、遊ぶための時間ではありません。次のようなことをする時間であることをしっかり指導します。

① トイレを済ませたり水を飲んだりする。トイレの正しい使い方については、時期をみて、あるいはくり返し指導する。

② 体育着に着替えたり、教科書などを用意したりして、次の時間の準備をする。教師は、着替えたものがきちんと整頓されているかを観察し、必要な子どもには指導する。

③ 音楽や図工など、教室が変わる場合には休み時間のうちに移動する。一斉に並んで移動することもある。

休み時間の終了のチャイムは、次の授業の始まりでもあります。チャイムの後、できるだけ早く授業を開始します。時間を自己管理する能力を身につけることを重視します。

A みんなで遊ぶことの楽しさを味わわせ、遊び方についても指導しよう。

学校での遊びは、基本的には集団の遊びです。友だちと一緒に遊ぶことは、日頃家庭ではできません。遊び時間が楽しい時間になるためには、次のような指導が不可欠です。

① 遊び時間のルールを指導する。学校によっては、曜日によって遊ぶ場所や道具を決めていたり、禁止している遊びがあったりする。

② 自由遊び、集団遊びなど日によって遊び方を変える。このことを表にして教室に掲示しておくとよい。

③ 最近、遊び方を知らない子どもが増えてきている。楽しい遊び方（遊びの内容やルールやマナーなど）について指導する。

④ 雨の日は教室内での遊びになる。読書やゲームなど安全な遊びを指導する。

遊び時間の様子を観察していると、授業中とは違った子どもたちの人間関係が見えてきます。教師も子どもと一緒に遊ぶように心がけましょう。

Ⅰ 学級のつくり方 ④ 授業以外の指導のコツ

Q2 清掃の時間の指導をどのようにしたらよいですか。

始まりの時刻になっても、子どもたちが掃除に取りかかりません。また掃除がなかなか上手にできません。ほうきや雑巾で遊んでいる子どももいます。私が「掃除をしなさい。」と繰り返し言っても、なかなか聞いてくれません。掃除の時間に、教師は掃除とどのようにかかわり、子どもたちをどのように指導したらよいのでしょうか。

A 掃除も、授業と同じように、学校での大切な勉強であると指導しよう。

教科などの時間と比べると、掃除の時間の指導は、どうしても計画性に欠けることがあります。教師が適切に指導すると、子どもたちは掃除の達人になります。そのためには次のようなことに留意して指導します。

① 自分たちの教室や廊下などを掃除することによって、美しい環境整備に関心をもたせ、維持することの大切さに気づかせる。

② 掃除用具一つ一つの目的や正しい使い方・片づけ方について指導する。例えば、雑巾の絞り方や干し方、ほうきの使い方、バケツの水の捨て方など。

③ 掃除の手順をていねいに指導し、それをカードなどに書いておくとよい。手順は、掃除する場所によって違ってくる。

④ 掃除に使用した用具の片づけ方や、反省会の進行内容について指導する。

机を運ぶときには、机の前に立って持ち上げると、机の中の物が外に落ちません。こうした些細なことについても、きちんと指導すると、子どもはすぐに身につけます。掃除の時間についても、教師自身がまず掃除の手順とその指導の仕方を身につける必要があります。

A 子ども任せにせず、教師も子どもと一緒に掃除に取り組もう。

掃除の時間は、自分たちの教室は自分たちで綺麗にすることの大切さに気づかせるだけでなく、掃除を通して友だちと協力し合うことの大切さ、仕事をすることの意義などを学ぶ貴重な時間です。教師は掃除に関連して、次のような配慮をします。

① 掃除を子どもだけに任せず、教師も子どもたちと一緒に掃除をする。教師が正しい掃除の仕方を示すことによって、子どもはそれを見て、掃除の仕方を学ぶ。

② 清掃するときには、マスクをするなど服装にも気を配るようにする。清掃後には、手をていねいに洗うなど、衛生面についても指導する。

③ 日常の学校生活において、ゴミを散らかしたり、床などを汚したりせず、施設や設備を大切に使おうとする子どもを育てる。

④ 道徳の時間に学習したこと（例えば「働くことの大切さを知り、進んで働く」）との関連を図り、実践意欲と態度を育てる。

A 掃除が終わったあとの「反省会」を充実させよう。

　掃除の時間は、学校によって多少違っていますが、およそ20分程度でしょう。素早く取りかかり、協力し合って、能率的に行うことが求められます。掃除という集団活動が効果的に行われるようにするためには、掃除の終末に「反省会」を設け、自己評価を促すようにします。「反省会」については、次のようなことを指導します。

① 反省会の司会者と進行方法を決める。

進行（　　　）
1　始めのあいさつ
2　「カード」にもとづいた反省
3　気がついたこと、改善したいこと
4　終わりのあいさつ

② 3分程度で能率的に終わるようにする。司会者は、毎日変わるようにする。

③ 反省会のための「カード」を清掃場所ごとに作成し、清掃用具のそばに保存する。下記の「カード」は一つの例。

　清掃は、自分たちの教室や廊下のほかに、分担された箇所がいくつかあります。子どもたちがいろいろな所を経験できるように、ローテーションを組んでおきます。

　また、グループのメンバーは、生活班を利用する方法や、固定させずにその時その時に編成する方法などがあります。

「反省会カード」（例）

そうじの反省カード　　　　　　　　　　そうじの場所〔　　　　　　　〕

□そうじが終わったら、反省会を行い、先生に報告しましょう。

反省の項目　　　（日にち）	月	火	水	木	金	メモ
①　集中して仕事をしたか。						
②　すみまできれいにしたか。						
③　みんなで協力してやったか。						
④　時間内で終わったか。						
⑤　そうじ用具をきちんとしまったか。						
今日の司会者（名前を書く）						
先生への報告（報告が終わったら○じるしをつける）						

※よくやった…3　　ふつう…2　　できなかった…1

I 学級のつくり方 ④ 授業以外の指導のコツ

Q3 給食の時間の指導をどのようにしたらよいですか。

子どもたちは給食の時間をとても楽しみにしています。しかし、子どもたちの給食の準備や食べている様子を見ていると、上手に配膳ができなかったり、残飯が多かったりするなど、気になることがたくさんあります。給食の時間には、子どもたちにどのようなことを指導するのですか。

A 給食の時間を子どもの「健康教育」の場として位置づけよう。

食べるという行為は、自分の健康を維持・向上させ、生きていくために不可欠なことです。学校生活の中で「給食の時間」は毎日位置づいており、子どもの食生活、食習慣の形成においても重要な時間となっています。

給食の時間には、健康教育の観点から、次の事柄について指導します。

① 好き嫌いをなくし、バランスのある食事が楽しくできるようにする。子どもの健康観察を行い、食べることを無理強いしたり、時間が過ぎてもいつまでも食べさせたりすることがないようにする。

② 食事の配膳をするときや、実際に食べるときには、手をしっかり洗い、服装にも配慮するなど、衛生面には十分注意する。

③ その日の献立の内容を説明し、栄養や栄養素、カロリーに関心をもつようにする。

子どもの好き嫌いをなくすためには、保護者の協力が不可欠です。保護者の考え方や家庭での食事の様子を聞いて目標を定め、子どもの意思を尊重しながら、時間をかけて少しずつ改善するようにします。食物アレルギーをもつ子どもには特に配慮が必要です。

A 子どもたちに給食の配膳の順序や方法を指導しよう。

学校での給食の配膳は、家庭での食事の場合と違っています。まず教師が一つ一つ指導しなければ、子どもたちは身につけることができません。給食の配膳にかかわって、次のことを指導します。

① 配膳には、順序があること。（例えば、お盆→パン・ご飯→副食→デザート→牛乳などの順序）

② 給食当番の子どもたちは、衛生面に配慮して、まず手を清潔に洗い、白衣を着て、マスクをするなど服装を整えること。

③ 役割を分担し、協力し合って、能率的に配膳すること。

④ 配膳される子どもには、自分の健康状態を考慮して、配膳される分量を自己申告させること。その際、嫌いなものでも少しずつ食べることができるように、挑戦しようとする意欲を育てる。

⑤ 食後の後始末の仕方にも順序があること。

これらのことは、それまでの学年での経験などによっても違ってくるが、低学年でしっかり指導しておくと、後の学年ではそれほど指導する必要がなくなる。

A 給食を食べるときのマナーについても指導しよう。

　家庭でも学校でも、食事をするときにはマナーがあります。これは食事に関する基本的な生活習慣です。子どもの頃に身につけさせておかないと、大人になってからでは手遅れになることがあります。マナーの内容には次のことが考えられます。

① 食べる前には「いただきます」、食べた後には「ごちそうさまでした」の挨拶ができるようにする。その際、挨拶の意味を教える。「いただきます」とは、生き物の命を食べることに対する感謝の気持ちを表すためである。もちろん、食材をつくった人、食事を用意した人、世話をしてくれている両親など家族に対する感謝も含まれる。

② 出された物を食べるときには、食べる順序があることを指導する。基本的には、いろいろなものを少しずつ交互に食べる。最後に、デザートを食べ、お茶や牛乳を飲み干す。

③ 口に物が入っているときには喋らない、音をたてて食べない、食事中はできるだけ立ち歩かない、口には適量以上にたくさん入れない、よく噛んで食べるなど、食べるときのマナーを指導する。

④ 箸の持ち方など、正しい使い方を指導する。箸の誤った持ち方をしている子どもを改めさせることは難しい。保護者の協力が必要である。

　給食の時間の指導は、食の専門家である栄養教諭や学校栄養職員、養護教諭などとも協力しながら指導します。時々、給食の時間に食についての話をしてもらうことも計画しましょう。

A 給食を食育の「生きた教材」として活用しよう。

　現在、学校教育で「食育」の推進が求められています。これは、給食を核にしながら、食に関する指導を充実させようというものです。毎日の給食と次のようなかかわりをもたせた指導の充実を図りたいものです。

① 給食の食材に興味をもたせ、それがどこでどのように生産されているかを調べる。地元の食材が使われたときには「地産地消」の意味を指導する。

② 郷土料理や行事食がメニューとして出されたときには起こりや言われなどを話し、食に関する伝統文化への関心をもたせるようにする。

③ 給食の献立を例にして、栄養や栄養素などを調べ、自分の健康を維持するためにはバランスのよい食事をすることの大切さに気づかせる。

　給食が「生きた教材」だと言われるのは、給食を窓口にして関連する教科や総合的な学習、家庭生活などさまざまな場面に活動を広げ、食に対する関心を深めることができるからです。

I 学級のつくり方 ④ 授業以外の指導のコツ

Q4 登下校の指導をどのようにしたらよいですか。

登校は高学年の子どもが中心になって集団で行っています。下校は、時刻がまちまちであることから、それぞれの子どもが行っています。いま、登下校時の「安全」の問題が社会問題にまでなっていますが、学校としてどのような指導を行ったらよいのでしょうか。また担任として取り組むことは何でしょうか。

A 集団登校の仕方やルールについて、繰り返し指導しよう。

集団登校についての指導は、生徒指導（生活指導）や安全教育の立場から実施するものです。学校としての共通した考え方やルールにもとづいた、一貫した指導が求められます。年度の始めには、学校で集団登校のグループごとに話し合う場を設け、次のような事項について指導しましょう。

① 集合場所に時刻までに集まる、列を崩さずに歩くなど、登校時の約束を守るようにする。一グループは10人程度までにする。
② リーダーである高学年の人の言うことをよく聞いて登校する。高学年には、全体を見守り、歩くスピードに配慮するなど、リーダーとしての心構えを指導する。
③ 登校の途上で、交通安全などのボランティア活動をしている人たちに挨拶する。

担任は、子どもたちが毎日どのような道路を通学してくるのかを知るためにも、子どもたちと一緒に登校する機会をもちましょう。また、道路事情に変化がないか、時折、実際に歩いて観察することが大切です。それらの情報は校内で共有し、道路工事などの必要な情報は、保護者や子どもたちにも提供します。

A 気の弛みがちになる下校については、特に指導が必要です。

登校時と違って、下校を集団で行っている学校は、スクールバスを利用している学校など一部を除いてほとんどありません。一人一人が、あるいは学級や学年の子どもたちがそれぞれに帰宅することが基本になります。そのため、下校時の安全指導は特に大切です。

① 登校時と同じように、自動車などに注意するなど交通安全に対するルールを守る。
② 不審者などに遭遇したときには、近くの家や知り合いに助けを求める。
③ 地域によっては、熊や猪などと出くわすこともあることを指導する。

「自分の身は自分で守る」ことを基本に据え、危険を予知したり回避したりする能力や態度を育てることが大切です。

A 「生活安全マップ」づくりを行い、地域の安全に対する関心を高めよう。

　安全面から、自分が登下校している通学路や、生活している地域を観察し、チェックすることは、安全に対する関心を高めるだけでなく、自分で自分の身を守ろうとする態度を育てるために、きわめて重要なことです。

① 学習指導要領では、生活科の学習内容に、「通学路の様子などに関心をもち、安全な登下校ができるようにする」ことが示されている。これを受けて、低学年ではグループごとに自分の家から学校までの通学路の様子を実際に観察し、「あんぜん・どうろ・まっぷ」を作成する。

② 中高学年では、総合的な学習の時間に、地域のどこにどのような危険な場面があるかを実際に歩いて調べ、それらを白地図に表す。その際、地域を交通安全だけでなく、地震や水害など防災教育の観点からも観察するようにする。また、施設や設備、地域の人たちの働き、環境の変化などに目をつけるようにする。下記の絵地図はその一事例である。

③ 学級活動や帰りの会などで、通学路や地域について、気がついたことを発表し合うようにする。

・○○の八百屋さんの前に、信号機が新しくついたよ。
・踏み切りを渡るとき、横断歩道を歩いたほうが安全だと思います。
・「知らない人に声をかけられても、絶対についていかない」という看板が立てられていたよ。
・○○の交差点に、ボランティアのおじさんがいたよ。あいさつするといいね。

「地域の安全マップ（例）」

I 学級のつくり方 ④ 授業以外の指導のコツ

Q5 いじめのない学級づくりをどのようにしたらよいですか。

いじめが原因で自殺に追い込まれたというニュースが報道されました。いじめはどこでもあり得ると言いますが、いじめのない、いじめを見逃さない、いじめを許さない学級をつくりたいと思っています。そのために担任は、子どもたちにどのように接したらよいのでしょうか。いじめのない学級づくりを行うポイントは何ですか。

A どんな学級にしたいかをみんなで考えさせよう。

いじめは、言語や行動による精神的、肉体的な暴力行為です。単なるからかいであっても、それを相手が苦痛に受けとめれば、いじめていることになります。いじめに対して、「いじめられた方にも責任の一端がある。」といった言い方がなされることがありますが、これは間違いです。いじめの加害者には、子どもだけでなく、教師自身がなることもあります。日頃から、子どもたちへの言動は慎重でありたいものです。

いじめは人と人との関係の中で生まれますから、何より重要なことは、互いに認め合い、支え合い、学び合う豊かな人間関係づくりを進めることです。そのためには、普段から次のことに留意して、自由に語り合える場や機会をつくるようにします。

① どのような学級にしたいかを話し合い、「学級の目標」として掲げること。
② 困ったことや悩みなどを気軽に相談できる友だちや教師がいること。
③ 友だちの優れたところはみんなで認め合い、ほめ合うこと。
④ 教師が率先して模範を示すこと。

A 教師がとぎすまされた観察力や洞察力を身につけよう。

いじめはなかなか見抜けないと言います。いじめとふざけの区別がつきにくい場合もあります。また、いじめられている子どもは、それをなかなか打ち明けることはありません。教師には、子どもの何げない言動やサインを見抜くとぎすまされた観察力や洞察力が求められます。例えば、次のような場面は要注意です。

① 学級の集団から離れて、独りぼっちになっている。
② 服装や身体などに汚れや傷などがある。学用品や持ち物が隠される。
③ 授業中に発言したときなどに、周囲から冷たい視線が注がれる。ある子どもの言動に多くの子どもがいつも同調する。
④ 善い行いをしたにもかかわらず、それを周囲が認めようとしない。

いじめられている子どもは、必ず何らかのサインを発しています。教師はそれを早期にキャッチして、すぐに対応することが重要です。

保護者から、「うちの子が最近どうもおかしいのです。」という訴えがあったときには、学年や生徒指導の先生にも相談して、保護者と共に問題解決にあたるようにします。

A いじめを発見する「チェック・リスト」カードを活用しよう。

文部科学省や教育委員会は、いじめをなくし、早期に発見するための「チェック・リスト」を作成しています。下記がその項目例です。これらを日常的に活用して、いじめの撲滅に努めましょう。

■「いじめ発見のためのチェック・リスト」

※　文部科学省は、いじめ問題への取り組みについて通知を出しています。その中に、日頃の教育指導におけるチェック・ポイントが次のように示されています。

○　お互いを思いやり、尊重し、生命や人権を大切にする指導などの充実に努めているか。特に、「いじめは人間として許されない。」との強い認識に立って指導にあたっているか。

○　学校全体とし、校長をはじめ各教師がそれぞれの指導場面においていじめの問題に関する指導の機会を設け、積極的に指導を行うよう努めているか。

○　道徳や学級（ホームルーム）活動の時間にいじめにかかわる問題を取り上げ、指導が行われているか。

○　学級活動や児童生徒会活動などにおいて、いじめの問題とのかかわりで適切な指導助言が行われているか。

○　児童生徒に幅広い生活体験を積ませたり、社会性のかん養や豊かな情操を培う活動の積極的な推進を図っているか。

○　教職員の言動が、児童生徒を傷つけたり、他の児童生徒によるいじめを助長したりすることがないよう、細心の注意を払っているか。

○　いじめを行う児童生徒に対しては、特別の指導計画による指導のほか、さらに出席停止や警察との連携による措置も含め、毅然とした対応を行うこととしているか。

○　いじめられる児童生徒に対し、心のケアやさまざまな弾力的な措置など、いじめから守り通すための対応を行っているか。

○　いじめが解決したと見られる場合でも、継続して十分な注意を払い、折に触れ必要な指導を行っているか。

I 学級のつくり方 ④ 授業以外の指導のコツ

Q6 放課後の子どもたちの指導をどのようにしたらよいですか。

授業が終わったあとの放課後は、教師の目が届きにくい時間です。また、子ども一人一人の行動にも違いがあり、子ども任せになりがちなことから、思わぬけがをしたり事故が起こったりします。子どもにとって気の弛みがちな放課後の過ごし方について、どのようなことに留意して指導したらよいのでしょうか。

A 放課後の使い方について、目的をもった活動の仕方を指導しよう。

放課後の時間は、時間割表にも何をするのかが示されていません。基本的には、子どもたちが自由に使うことのできる時間です。そのため、ややもすると教師の指導が行き届かなくなることが少なくありません。子どもが学校に在校しているあいだは、教師の管理下ですから、放課後の使い方についても、次のような教育的な配慮をすることが大切です。

① 放課後の使い方について、具体的に指導する。例えば、友だちとの遊び、学校図書館での読書、係活動、補充学習などが考えられる。

② 放課後には、教師も会議などがあって、子どもたちと一緒にいることができない場合がある。放課後に、だれが、どこで、何をしているのかを把握するように努める。

③ 下校時刻をしっかり守らせる。特に冬の時期は夕暮れが早いことから、安全上の配慮を十分に行う。遅くなったときには、家庭に電話するなどの連絡も必要である。

時間が許す範囲で、教師が子どもと一緒に遊んだり、係活動したりすることは、子どもの理解を深める機会にもなります。

A 学習に遅れがちな子どもへの指導のために利用しよう。

放課後には、その日の授業でつまずいた子どもや遅れがちな子どもに対して、補充的な指導を行うこともできます。その際、次のことに配慮しましょう。

① 補充的な指導のための曜日や時間などを決める。毎日行うことは、子どもにとっても苦痛になり、教師にとっても負担になる。結果的に、長続きしないことになる。

② 何か一つでも、「できるようになった。」「わかるようになった。」という充実感を味あわせるようにする。

③ 放課後の指導は、できるだけ子どもの意思を尊重し、保護者にも実施のねらいや内容について事前に伝えておくようにする。

放課後は、このほかに、個別的な教育相談の時間として利用することもできます。

I 学級のつくり方 ⑤ とっさのときの指導

Q1 朝会や集会で、子どもが貧血で倒れそうになったとき、どのように対処したらよいですか。

決して長い時間ではないのですが、朝会や集会で立っていることができない子どもが増えています。先日も貧血で倒れそうな子どもがいて、その場でしゃがませたり、保健室で休ませたりしました。このようなとき、大事にならないようにするには、どのように対処したらよいか教えてください。

A 子どもの保護を優先に考えましょう。

朝会や集会は朝の健康観察の前に行われることが多いようです。朝会や集会の前に教室に行き、子どもたちに声をかけ、健康状態を観察しておくとよいでしょう。また、連絡帳などで健康上の課題が把握できた子どもには、予め保健室で待機するなどの指示を与えておくとよいでしょう。その上で、以下のような対応が必要です。

① 子どもの前(様子が見える位置)に立ち、子どもの様子を観察する。
② 子どもの様子に異変を感じたら、近くに寄って様子を確認する。(学級の子どもたちにも、お互いに異変を感じたら連絡し合うように指導しておく。)
③ 倒れそうになったら頭を打たないようにしゃがませ(我慢せずに、しゃがむように指導しておくとよい)、保健室に連れていく。
④ 周りの子どもに、騒ぎ立てずに朝会や集会への参加を促す。
⑤ 保健室では衣服をゆるめ、ベットに寝かせるなどして休ませる。(養護教諭の処置に委ねる)
⑥ 管理職の指示を仰ぎ、状況によっては家庭に連絡する。

A 予防措置を講じよう！

「朝会や集会で立っていることができない子どもが多くなった。」という話をよく耳にします。その原因として、家庭の生活様式が変わったこと、運動不足による体力の低下、食習慣の変化による栄養の偏りなどが言われています。貧血で倒れそうになったときの対処はきわめて大切なことですが、教師は、そのための予防措置を講ずることも必要です。

【予防】その1「基本的な生活習慣の確立」
① 早寝・早起きなどの習慣を身につけ、健康な生活ができるように指導する。
② 朝ご飯を食べる、好き嫌いをなくすなど規則正しい食習慣を身につけるよう指導する。

【予防】その2「報告・連絡・相談」
① 体調が悪いときには、予め、子どもが担任や養護教諭に報告・連絡・相談することを徹底しておく。
② 具合の悪いときには、無理をせずに周りの先生や友だちの力を借りることを、全員に周知する。

I 学級のつくり方 ⑤ とっさのときの指導

Q2 体育の時間中に、子どもがケガをしたとき、どのように対処したらよいですか。

授業中の子どものケガがいちばん多いのは、「体育」だと言われています。それだけに、教師としても十分に注意をはらいながら指導をする必要がありますが、もし、体育の授業で子どもがケガをしたとき、どのように対処したらよいのでしょうか。また、ケガを防ぐために事前に心がけておくことはどのようなことでしょうか。

A まず、ケガを防ぐために配慮しましょう。

臆病になっていてはよい授業はできません。まず、子どもがケガをしないために、例えば、次のような配慮が必要です。

① 運動する場所の安全を点検する。
・体育館や校庭に危険なものがないか。
② 子どもの健康状況を点検する。
・体調が悪いのに、無理をしている者がいないか。
③ 子どもの服装の状態を点検する。
・気候や運動の内容に適した服装をしているか。
・足もと（運動靴）がしっかりしているか。
④ 使う道具の安全を点検する。
・道具の正しい扱い方がわかっているか。
⑤ 授業中のきまりを確認する。
・教師の指示、授業の約束などがわかっているか。
⑥ 準備運動を念入りに行う。

A 素早い初期対応の実施が大切です。

体育中のケガ（事故）は、初期対応を誤ると命にかかわるなど、大きな事故につながる場合があります。それだけに、迅速・的確な初期対応が必要です。

① 子どものケガの状況を確認する。
② 養護教諭に連絡し、ケガの処置を依頼する。
③ 周りの子どもを落ち着かせ、やること（場合によっては静かに待つこと）を指示する。
④ 管理職に報告し、大きな事故につながる恐れがある場合（首から上のケガなど）には救急車を要請する。
⑤ 家庭に連絡し、事実を知らせる。（ケガの程度によっては、保護者に来て頂くこともある。）
⑥ ケガの原因・状況などを確認し、記録する。（書類による報告が必要な場合もある。）

事故発生時の連絡体制

（事故発生） 担任・担当者
・子どもの様子を確認（応急手当）
・養護教諭に急報
・周りの子どもへの指示（落ち着かせ、二次災害を防ぐ）

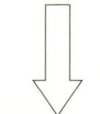

↓

（応急手当・治療） 養護教諭の判断による処置

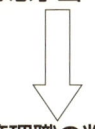

↓

（管理職の判断） ケガの状況の報告を受け校長が判断

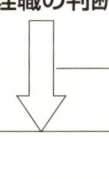

　　　　　　　　　　　　　　　　　　　　　　担任の連絡

↓　　　　　　　　　　　↓　　　　　　　　　　↓
　　　　　　　　　　＊救急車を要請

（保健室で治療）　　**（医療機関に搬送）**　　**（家庭への連絡）**
・擦り傷、切り傷など　　・頭部の傷害
　軽度なケガ　　　　　　・骨折
　　　　　　　　　　　　・強打、裂傷など後遺症の恐れのあるもの
　　　　　　　　　　　　・伝染病、食中毒などの集団発生
　　　　　　　　　　　　・光化学スモッグなどの公害による症状
　　　　　　　　　　　　・事故原因に問題があると考えられるもの

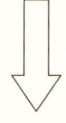

↓

（事故原因の把握・整理）

↓　　　　　　　　　　　　　　　　　　　　担任の連絡

（事故報告） 校長に提出

I 学級のつくり方 ⑤ とっさのときの指導

Q3 理科の実験中に、子どもがケガをしたとき、どのように対処したらよいですか。

> 理科の実験は、危険を伴う道具や薬品などを扱うため、ケガの発生には十分な注意が必要だと言われました。ケガをさせないようにするためには、どのような配慮が必要でしょうか。また、実験中にもし子どもがケガをしたり、事故が起こったりしたときには、どのように対処したらよいのでしょうか。

A ケガを防ぐための配慮が第一です。

確かに、理科の実験では、危険を伴う道具や薬品などを扱います。しかし、きちんとした取り扱いを行えば、ケガ（事故）は発生しません。そのためには、次のような配慮が必要です。

① 実験室を整理・整頓する。
　・整理、整頓は、安全確保の基本である。
② 実験器具の取り扱い方を周知させる。
　・器具などの正しい扱い方を指導する。
③ 実験中の約束事を確認する。
　・教師の指示に必ず従う。
　・実験中は口を閉じる。
　・自分の席をみだりに離れない、など。

A ケガをしたときは迅速に処置しましょう。

万が一、ケガをした子どもが出たときには、迅速・的確な初期対応が必要です。

① 子どものケガの状況を確認する。
② 養護教諭に連絡し、ケガの処置を行う。
　・熱湯や薬品などによるケガは、流水で応急処置を行う必要がある。
③ 周りの子どもを落ち着かせ、途中でも一切の実験を中断させる。
　・二次災害に発展しないようにする。
④ 管理職に報告し、大きな事故につながる恐れがある場合（首から上のケガなど）には救急車を要請する。
⑤ 家庭に連絡し、事実を知らせる。（ケガの程度によっては、保護者に来て頂くこともある。）
⑥ ケガの原因・状況等を確認し、記録する。（書類による報告が必要な場合もある。）

Q4 家庭からは無連絡で登校が確認できない子どもがいたら、どう対処したらよいですか。

朝、教室に行ってら、子どもが一人登校していません。家庭からは欠席の連絡がないので、登校途中に事故にでもあったのではないかと心配していました。実際には、忘れ物を取りに帰ったためとわかりましたが、このように、登校が確認できない子どもがいたとき、どのように対処すればよいのでしょうか。

A とにかく冷静に対応しましょう。

子どもがいないとなると、とかく慌てて行動しがちですが、落ち着いて冷静に対処する必要があります。

① いつも一緒に登校する子どもや近所に住んでいる子どもなどに、知っていることがないか聞いてみる。
　・忘れ物やけんかなどが原因で、家に帰ったというような例がある。
② 事情がわからず、本人が見つからないときは保護者に連絡し、確認する。
　・保護者が学校への連絡を忘れている場合もある。
③ 保護者とも連絡が取れないときは、管理職に報告する。
④ 管理職の指示を受け、家庭や通学路などを探す。
　・手の空いている職員で探し、できる限り子どもを自習させないようにする。
⑤ 状況によっては、PTAや町内会、警察に連絡や相談する場合もある。
　・事故や事件に巻き込まれた恐れのある場合は、校長に適切な情報を提供する。

A 家庭との間のルールを確認する。

連絡もなく子どもが登校してこないといったことが頻繁に起こるのは、家庭と学校の間の連絡に関するルールがしっかり守られていないからでしょう。家庭との間で確立したいルールには、次のようなものがあります。

① 朝と帰りの挨拶を徹底する。
　・家庭では「行ってきます」「ただいま」、学校では「おはよう」「さようなら」の挨拶を指導する。
② 登下校は決められた道を通る。
　・教師も各自の通学路を実際に歩いておくことが必要である。
③ 欠席や遅刻するときは、連絡帳または電話で必ず学校に連絡する。
　・学校では、連絡を受けた職員が担任に必ず連絡する。
④ 学校から帰って外出する時は、行き先や帰宅時間を告げて外出する。
　・家の人がいない場合には、メモで知らせるようにする。

I 学級のつくり方 ⑤ とっさのときの指導

Q5 子どもの体調に急激な変化が見られたとき、どのように対処したらよいですか。

子どもの中には、普段は普通に生活しているのに、突然、体調に異変を起こす場合もあります。何らかの原因で失禁したりてんかんを起こしたり、嘔吐したりするなど、子どもの体調に急激な変化が見られたとき、教師はどのように対処したらよいのでしょうか。また、校内の先生方とどのように連絡し合ったらよいのでしょうか。

A （失禁の場合）心の傷にならないようにしよう。

失禁などの体調の変化は、極度の我慢や緊張によってもたらされるものです。そのことを念頭に置き、子どもが心の傷を負わないようにすることが必要です。

① 学級の子どもたちに静かに自習するように指示し、本人をトイレに連れていく。
② シャワールームなどで体をきれいにし、汚れた下着や衣服を取り替える。
　＊汚れた下着や衣服は洗って、帰りに持ち帰らせる。
③ 気持ちが落ち着くまで保健室などで休ませる。
　＊②③は養護教諭や手の空いている先生に頼むとよい。
④ 教室の机・椅子・床など、失禁で汚れた箇所をきれいにする。
⑤ 学級の子どもには、「失禁は体の具合でだれにでも起こることがあるから、からかったり笑ったりしてはいけない。」ことを言って聞かせる。
⑥ 保健室などで休んでいた子どもの気持ちが落ち着いたら、教室に迎えいれる。

A （てんかんの場合）保護者との情報交換を密にしよう。

失禁などと異なり、てんかんや引きつけなど、身体に異常をきたすような変化が表れた場合には、生命の安全を第一に考えて対応する必要があります。

① 本人の様子を確認し、校長（教頭）、養護教諭に連絡する。
② 学級の子どもに、騒ぎ立てずに自習するように指示する。
③ 保護者から予め、投薬などの処置を頼まれている場合には、その処置を行う。
　＊一人で行わず、養護教諭と相談して行った方がよい。
④ 校長（教頭）に、その後の指示を仰ぐ。
　（症状によっては家庭と連絡を取り、医療機関に搬送することも考えられる。）
⑤ 保護者に連絡し、今後の対応を相談する。
　＊保護者との相談は、その後の経過を含め、継続的に行っていく。

A （嘔吐の場合）慎重に対応しよう。

　風邪やインフルエンザなど、さまざまな理由で突然嘔吐する子どもがいます。対応は失禁に似ていますが、原因は身体的なことであるため、対処の仕方は多少異なります。

① バケツなどを用意し、遠慮せずに吐くようにさせる。
② 学級の子どもたちに静かに自習するように指示し、保健室に連れていく。
③ 衣服や体など、汚れているところがあればきれいにし、保健室で休ませる。
　＊管理職に報告し、直接の対応は養護教諭や手の空いている先生にお願いする。
④ 机や床などに嘔吐物があれば、それをきれいにする。
　＊集団で嘔吐し、集団食中毒等の可能性が感じられた場合には、念のため嘔吐物を保管する。
⑤ 保護者に連絡を取り、本人を迎えに来てもらう。
　＊この場合は、回復を待って授業に復帰させるのではなく、掛かりつけの医師に診察してもらう方がよい。保護者が不在の場合には、学校医にお願いする方法もある。

先輩教師の"ちょっとひと言"
骨折で固まった信頼関係？

　何年も教師をやっていると、思わぬ時に子どものケガや病気に出合うと言われます。わたしにもそんな経験があります。ほろ苦い経験です。運動会の練習で、ある男の子にケガをさせてしまったのです。

　B男君は、とても運動神経のよい子でした。ですからみんなに選ばれて、運動会の花形である「組み体操」のタワーに上ることになったのです。ところが、その練習で彼はタワーから落ちて腕を骨折してしまいました。
　その責任はというと、当然管理下の出来事ですから、指導にあたっていたわたしにあります。そんなことよりも、彼のケガが打撲程度の最小限のものであることを祈って病院に向かいました。校長の指示でお母さんにも連絡してありましたから、お母さんも駆けつけてくれました。でも、残念なことに、診断の結果は「骨折」でした。2週間先の運動会には間に合いません。わたしは、彼にもお母さんにも申し訳なく思い、お詫びの言葉以外にありませんでした。

　それから、毎日、彼を元気づけるために病院に通いました。ほどなく退院して、ギブス姿で学校に来るようになると、今まで以上に彼を元気づけるようにしました。運動会当日には、わたしの役目である進行係の手伝いをしてもらいました。ただ見ているだけでは、きっと寂しいだろうと思ったからです。

　彼は卒業文集に、その時のことを書いてくれました。そして、わたしへの感謝の言葉を綴ってくれました。卒業式の日には、ご両親がわざわざお礼に訪れました。わたしも少しは救われた思いでした。骨折のお陰で、信頼関係が固まったのかもしれません。
　それなのに、今も彼のことを思うとき、寂しそうにみんなを応援していた顔が一番に浮かびます。彼にとっての小学校6年生の運動会は二度と戻らないからかもしれません。

保護者への対応

1	授業参観日	56
2	保護者への連絡・対応	64

II 保護者への対応 ① 授業参観日

Q1 保護者会で話すことはどんなことですか。また、どのような資料を用意しますか。

4月には、新しく担任した学級ではじめての保護者会があります。まだ子どものことも保護者のことも十分理解していません。どのようなことを話せばいいのか、不安でいっぱいです。最初の保護者会では、どのようなことをお話すればよいのでしょうか。また、そこではどのような資料を用意するのでしょうか。

A 学級経営の方針や考え方を誠意をもって話そう。

年度はじめの保護者会は誰でも緊張します。担任して間もないことから、子どもを十分理解しているわけでもないし、保護者との人間関係も確立していないからです。そのため、まず自分はどのような考え方のもとに、どのような子どもを育てていこうと考えているのかを誠意をもって、わかりやすく話すことを心がけましょう。話の内容としては、次のことが考えられます。

① 学級経営の方針（学級目標や育てたい子ども像、学習指導や生活指導の考え方、家庭との連携・協力など）
② 一年間の学習内容の概要（教科ごとなどの主な学習内容、評価の考え方や本年度の通知表、評価規準表など）
③ 一年間の主要な学校行事（保護者会、授業参観日、運動会、遠足、学習発表会など保護者に出席を促すものとその時期）
④ 保護者への要望や連絡方法など（個人に対することは避ける。）

保護者から学級担任への要望を聞く時間をとってもよいが、個人的なことは保護者会終了後に、個別に対応します。

A 資料を作成し配布する際には、留意すべきことがあります。

保護者会で担任が説明するとき、資料を用意するとよりわかりやすくなります。資料は説明する内容に合ったものでなければなりませんが、作成し配布する際には、次のことに留意しましょう。

① 何といってもわかりやすさが第一。校内の教員の間で配布された資料をそのままコピーすると、保護者が理解できないものもある。配布する対象に応じた内容と書き方を工夫する。
② 文字や表記の誤りや誤解を受ける表現がないか、人権尊重上の配慮がなされているかなどの観点から、学年内で検討する。
③ 配布する前には、必ず校長、教頭に見てもらうようにする。学校から配られる文書は、全て公のものと受けとめられる。そのために、資料には学校名や担任名あるいは校長名を記入しておく。

A 保護者会で配布する資料は、実施の時期によって異なります。

　保護者会が実施される時期によって、配布する資料は異なります。ここでは、通常４月に行われる最初の保護者会で配布することが望ましい資料を中心に紹介します。配布資料は、先に述べた保護者会での話の内容とも深くかかわっています。

① 学級経営案（学校に提出したものではなく、それをもとに易しく書き換えたものがよい）
② 年間行事予定（特に保護者に関係するもの）
③ 各教科、道徳、特別活動、総合的な学習の年間指導計画（大まかな学習内容を整理したもの）
④ 各教科の評価にかかわる資料（通知表や評価規準表など）

　保護者の多くは、評価に対して高い関心をもっています。年度のはじめに評価について必要な情報を提供しておくことは、学期の終わりに伝えられる結果に対する信頼度を高めることにつながります。

　例えば、本年度使用される通知表をコピーして配布し、「本年度はこのような様式の通知表で成績をつけます。これまでとはここが変わりました。」といった話をします。その際、絶対評価の考え方や観点別評価の具体的な方法についてもわかりやすく説明します。そこでは、学校ごとに作成された「評価規準表」を紹介します。保護者の中には相対評価の考え方をもっている人も大勢いることに留意しましょう。

A 保護者会で担任が話すことには、重みがあります。

　保護者会は学校として開催するものです。このことは、保護者会で担任が話す内容については、それなりの重みと責任が伴うということです。たとえ個人的な考えであると強調しても、それは学校としての考えとして受けとめられます。

　保護者から判断を求められたとき、即断ができないときには、すぐに答えないようにします。「後日、確認してお返事します。」と答えます。担任によって、保護者に対する答え方に違いが生じると、学校としての統一性に欠け、学校に対する信頼を失うことにつながるからです。

　ここでは、次のような「報告・連絡・相談」を実行することが求められます。
① 保護者会でどのようなことを話すか、事前に学年主任や校長、教頭に報告しておく。終了後にも、保護者会の様子を報告する。
② 保護者会から、校長などに伝えてほしいと言われたことは忘れずに連絡する。また学校から保護者に伝えるべきことは、間違いなく連絡する。
③ 保護者会で回答に困ったことなど、学年主任などに相談し、適切なアドバイスを得る。

Ⅱ 保護者への対応 ① 授業参観日

Q2 4月はじめの保護者会で学級世話人やPTA役員をどのように決めたらよいですか。

4月はじめの保護者会では、本年度の学級世話人やPTA役員を決めることになっています。近年、働いている人も多いことから、進んで引き受ける人が少ないとも聞きます。学級によっては、くじ引きで決めるということも聞きます。能率的に、かつ短時間で決めるためには、どのような方法があるのでしょうか。

A 学級世話人やPTA役員の役割をわかりやすく説明しよう。

学年にもよりますが、保護者の中には、学級世話人やPTA役員は何をするのか、仕事の内容を十分に理解していない人がいます。また決め方がハッキリしていないこともあります。そのため、決まるまでに時間がかかったり、ごたごたしたりすることがあります。次のような準備をしたり、進め方を工夫したりしましょう。

① どのような係の担当者を決めるのか、それぞれの仕事はどのようなことをするのかを、一覧表にしたものを用意する。

② 仕事の内容について、前年度の担当者がいる場合には説明してもらうようにする。できれば、年間の仕事のおよその流れがわかるようにするとよい。

③ 決め方について話し合う。立候補するなど自ら進んで引き受ける人がいない場合には、「輪番」「くじ」などの方法もあるが、できるだけ話し合いで決めるようにしたい。

担任が進行して、最初に学級の世話人（代表）を決め、その方にその後の進行をお願いする方法もあります。

A 家庭の個々の状況には十分な配慮をしましょう。

保護者によっては、「お店や会社に勤めている」「まだ小さな子どもがいる」「家庭に介護しなければならない人がいる」など、さまざまな事情によって、PTAの役員など学校での活動ができない場合があります。一方、「学級世話人を勤めていない人に押しつけるのは不公平ではないか。」と言った不満が出されることもあります。次のようなことに十分配慮しましょう。

① 全員が納得したうえであればよいが、「くじで決める。」「輪番にする。」など機械的に決めることはどうか。

② 毎年、同じ人が同じ係を担当するのはどうか。この場合、仕事に慣れているというメリットがある一方、他の人が経験できないという問題点がある。

③ 「子どものために」を第一義にとらえ、プライバシーに立ち入ったり、感情的になったりしないようにする。

PTAの活動の目的はなんでしょう？

Q3 保護者が参観する授業では、どのような配慮をしたらよいですか。

> 一年間に授業参観日が数回あります。当日はいつもと違って、子どもたちも担任もとても緊張します。子どもたちからは「先生はいつもと違うよ。」などと言われることもあります。他の先生からは「いつもと同じでいいんだよ。」と言われますが、保護者が参観する授業では、どのようなことに配慮したらよいのでしょうか。

A 授業の概要をプリントして、教室の入り口に置いておきましょう。

　保護者の多くは、「わが子が授業に集中しているか」「先生の話を理解しているか」「どのように勉強しているか」など、「わが子」を中心に観察する傾向があります。保護者に「わが子」をよりよく観察し理解してもらうためには、授業の概要をプリントして配布するとよいでしょう。プリントには次のような内容を盛り込みます。

① この授業で教師は、子どもに何を身につけさせようとしているのか。（本時のねらい、教師の願い）
② この時間は、学習がどのように展開されるのか。（主な学習活動の流れ）
③ この授業で、保護者にどこを見てもらいたいのか。（授業の参観の仕方）

　詳しく書く必要はありません。教室に来た保護者が授業の直前に手にして、授業を参観するのですから、Ａ４判１枚で簡潔明瞭に書きます。参観後に保護者との話し合いの場が用意されている場合には、このプリントを活用して保護者から感想や意見などを求めることもできます。話し合いが具体的になり、活発にすることができます。

A 保護者は教師の一挙手一投足に注目してつぶさに観察しています。

　授業参観日は、教師にとって保護者から直接評価を受ける特別な日です。保護者は「わが子」と同時に、指導している教師の発言や動き、振るまい、さらには服装や髪形から履物まで全てを観察しています。そこでは、教師としての存在や価値が問われます。次のようなことに配慮するとよいでしょう。

① きちんとした服装で。当日は保護者も着るものには気をつかって来ます。履物もスニーカーのほうが活動的でよい。
② 学級の子ども全体に目を配りながら、一人一人への温かい接し方を心がける。
③ できるだけ多くの子どもを指名するなど、子どもたちに活躍の場をつくる。
④ 板書するときには、誤字や書き順の間違いなどがないようにする。
⑤ 教室内や廊下などの作品や掲示物に目を配り、教室環境を整える。

II 保護者への対応 ① 授業参観日

Q4 授業参観日や保護者会の出席状況をどのように把握したらよいですか。また、欠席した保護者には、どのように対処したらよいですか。

授業参観日や保護者会の出席状況を保護者自身が書きこんで記録する名簿を作成しています。個人のプライバシーともかかわって、記録用紙の置き方に悩んでいます。出席状況をどのように把握したらよいのでしょうか。また、欠席した保護者には、当日の様子を伝える必要があるのでしょうか。伝える場合、どのように伝えるとよいのでしょうか。

A 保護者の出席状況が他人の目に一覧できることは望ましくありません。

授業参観日や保護者会の当日、教室の入り口に「出席簿」が用意されていて、保護者がそれぞれの欄に○印などを書き込むようになっています。それを見ると、毎回出席している保護者の欄には○印が並んでいますが、そうではない保護者もいます。どうしても出席できない事情があったのでしょう。全ての保護者の出席状況を他の保護者が一覧できる状況は望ましいことではありません。

しかし、出席状況を把握することは大切なことです。次のような工夫が考えられます。

① 毎回、別の用紙にして、担任のほうで一覧表に整理する。
② 毎回、保護者が「出席カード」に書き、終了時に提出してもらう。担任が後で一覧表に整理する。
③ 担任が早く顔と名前を一致させて覚え、担任のほうで記録する。

後日、子どもに尋ねる方法もありますが、全体の場で一人一人に聞くことは望ましくありません。保護者が欠席した子どもの気持ちを十分に配慮する必要があります。

A 必要に応じて、欠席した保護者にも必要な情報を提供しましょう。

欠席した保護者の中には、出席したくてもどうしてもできなかった保護者もいます。欠席した保護者には、次のような配慮をすることによって、必要な情報が伝わります。またそうした担任のていねいさや誠実さに好感をもつ保護者もいるでしょう。

① 当日配布した資料を、子どもを通じて届ける。保護者会で話題になったことを簡単にメモして伝えるようにするとよい。
② 後日、電話や連絡ノートで当日の様子を伝える。その際「次のときには、子どものためにできるだけ出席してほしい。」旨、お願いするとよい。

保護者会と父母会

かつて「父母会」という言い方もあったが、家族構成や家庭環境に配慮して、今では、一般的に「保護者会」と言われている。古くは「父兄会」と言われた頃もあったが、男女平等教育の観点から死語になった。

Q5 授業参観日や保護者会では、教師はどのような服装をしたらよいですか。

授業参観日や保護者会の日は、普段と違って特別の日という意識があります。保護者は、教師の服装など身につけているものにも注目すると聞きます。しかし、教師がどのような服装をするのかは自由であってよいとも思います。どのような服装であれば、保護者に好感がもたれるのでしょうか。

A 授業中はその授業内容にあった服装でよいでしょう。

基本的には、時と場面をわきまえたTPOです。体育の時間には体育着、理科の実験や家庭科の調理実習では白衣が一般的です。普段の日の授業では、国語や算数などの教科の時間も、ジャージのまま指導していることがあるかもしれませんが、授業参観日には次のようなきちんとした服装がよいでしょう。

① 男性は、ネクタイを締め、背広か上着を着る。授業の途中で上着を脱ぐことはあってもよい。（時期によっては、ネクタイを外してもよい。）
② 女性は、授業中にピアスやネックレスを身につけることは安全上の配慮から望ましくない。化粧の程度や髪形、髪の色などにも配慮が必要である。
③ 体育や理科などの授業の後に行われる保護者会の席では、きちんとした服装に着替える。
④ 履物はスリッパのような不安定なものよりも、スニーカーなどの靴のほうが活動的でよい。

夏の教室は暑く、じめじめしているので、クールビズなど軽装でもよいでしょう。

A 子どもも保護者も教師の服装をよく見ています。

教師の服装は、授業参観日や保護者会だからということではなく、普段からどのような服装がよいのか、常に関心をもちつづけることが大切です。子どもは教師の服装を見ています。保護者も同じです。教師が髪形を変えたり、新しいネクタイをしたりすると、子どもたちはすぐに気がつきます。よきにつけ悪しきにつけ、子どもたちは強い関心をもっています。

子どもにとって、教師のあらゆるものがモデルです。子どもの成長・発達にとって、教師という存在が重要な環境の一つになっているのです。

II 保護者への対応 ① 授業参観日

Q6 授業参観の場面で、おしゃべりをしたり携帯電話をしたりしている保護者には、どのように注意したらよいですか。

最近、授業参観日に廊下で保護者同士でおしゃべりしたり、携帯電話で話したりしている保護者が大勢いて、授業の邪魔になることがあります。他の保護者にも迷惑です。注意したいのですが、子どもの前ではなかなか言い出せません。このような保護者にはどのように注意するとよいのでしょうか。

A 廊下や教室の入り口に注意書きを張り出します。

授業参観日の保護者のマナーについては、たびたび話題になります。保護者のおしゃべりもその一つです。

おしゃべりをしたり携帯電話で話をしたりする保護者がいないようにするためには、注意書きした用紙を各教室の入り口や廊下に掲示し、注意を喚起する方法があります。例えば、次のような内容を掲示している学校があります。

お 願 い
各教室では大事な勉強が行われています。子どもたちが集中して学習に取り組めるよう、
・携帯電話の電源は、お切りになるか、マナーモードにしてください。
・教室や廊下での携帯電話のご使用は、ご遠慮ください。
・廊下での私語は、ご遠慮ください。
＊教室内で、子どもたちの様子をご参観ください。

〇〇小学校長

A 多様な方法を駆使しながら、授業参観日の望ましい態度を啓発しよう。

参観するときの注意事項を掲示するほかにも、次のようなさまざまな方法を取り入れることによって、望ましい参観のあり方に気づくよう、注意を促し啓発することが大切です。

① 前日などに子どもを通して、保護者に伝えてもらう。
② 授業参観日の開催を知らせる通知の中に注意事項を書き込んでおく。
③ 学級の世話人に事前に伝え、保護者同士が注意し合うよう依頼しておく。
④ 授業を一旦ストップさせるなどして、自らの行動の問題性に気づかせる。
⑤ 近くに行って、「静かにしていただけませんか。」と声をかける。

いずれにしても、授業参観日の目的をしっかり自覚させるとともに、保護者のそうした行為が子どもの学習の邪魔になることに気づかせることが重要です。

Q7 保護者会で活発に話し合いが行われるようにするためには、どのような工夫をしたらよいですか。

私の学級では、保護者会で発言する人が限られています。もっと大勢の人に話をしてほしいと思っているのですが、それがなかなかできません。指名して強制的に発言を求めることにも躊躇します。どのような方法を工夫すると、保護者会での話し合いが活発になるのでしょうか。

A 気軽に何でも言える雰囲気づくりを心がけましょう。

保護者会が、特定の人がくり返し発言し、一部の人の独壇場になってしまってはいけません。できるだけ多くの人が発言できるように配慮することも、保護者会を進行する担任の大切な役割です。また、学校や担任への苦情を言い合う場にならないようにすることも大切です。建設的な話し合いができるようにするためには、次のような工夫が必要です。

① 話し合いのテーマを設けて、保護者としての悩みや経験が出せるようにする。例えば、次のようなテーマが考えられる。
 ・家庭での学習習慣を身につけるにはどうしたらよいか。
 ・学用品の忘れ物を少なくするには、家庭でどのようにすればよいのか。
 ・子どもに小遣いをどう与えたらよいか。
 ・子どもの塾通いの問題をどう考えるか。
② 学校での子どもの様子を具体的に話し、家庭での様子を報告し合う。話し合いが空論にならないようにする。
③ 教室内で、上学年の子どもをもつ保護者から、子育ての経験談を聞く。

A 教師も話題を提供し、保護者会を学習の場としてとらえよう。

「保護者会」とは言いますが、保護者だけで構成されるのではなく、そこでは担任も深くかかわっています。また保護者の多くは、担任からの話をたくさん聞きたいと思っています。担任として次のようにかかわることが大切です。

① テーマに関する資料やデータを用意し、それらを読み合わせながら話し合う。
② これまでの教職生活で得た経験を一般化して話す。
③ 確かな教育理念にもとづいて、担任の受けとめ方や考え方を提供する。

担任として日頃から悩んでいることを率直に話し、保護者と共に考えることによって、解決の糸口を探ることができます。保護者も教師も自らを成長させる場としてとらえ、保護者会を有効に活用したいものです。

today's discussion bubbles:
- 今日は子どもに小遣いをどのように与えたらいいか話し合いましょう。
- 私の家では、毎月、千円与えています。
- 毎日、決まった額を与えているわ。

Ⅱ 保護者への対応

II 保護者への対応 ② 保護者への連絡・対応

Q1 保護者から苦情や相談があったとき、どのように対処したらよいですか。

最近、保護者からの苦情や相談が多いと聞きます。まだ実際にそのようなことはないのですが、実際にあったときには、どのように対処したらよいか、とても不安です。どのように対処したらいいのでしょうか。また、保護者からの苦情を大きな問題にならないようにするには、どのようにしたらよいのでしょうか。

A 保護者からの苦情や相談には、誠意をもって対処します。

保護者からの苦情や相談の申し入れがあったときには、次のことに配慮して、苦情や相談を聞く場を設けましょう。

① 時期：できるだけ保護者の意向を聞き入れ、都合のいい時間を設定する。場合によっては、夜だったり休日だったりする。
② 場所：できれば、学校（学級、校長室、相談室など）がよいが、家庭に直接出向いて話し合う方法もある。
③ 担任が一人で対応する場合もあるが、内容によっては、学年主任や教頭と一緒に話を聞くようにするとよい。
④ 相手の言い分をじっくり聞く。学校や教師の考え方や対応を求めてきたときには、即答を避け、後日返事するようにする。
⑤ 対応の経緯や様子を記録にとどめ、学年主任や教頭などに報告し、今後の対処方法について指導を受ける。

ここで何より大切なことは、子どもや保護者の立場に立って、誠意をもって対応することです。一方的であったり、高飛車な対応であったりすると、問題を長引かせることになり、逆効果です。

A まずは聞き役に徹し、保護者の苦情や相談の内容をじっくり聞きましょう。

保護者が担任に苦情や相談を伝えにくるということは、事態をかなり深刻に受けとめているということです。このことをまず理解することが重要です。しかし、決して恐れる必要はありません。保護者と担任がじっくり話し合う機会としてとらえることによって、保護者との人間関係が深まることもあります。また、保護者の立場を理解することによって、日頃の指導を見直し、改善するよい機会にもなります。

そのためには、次のことについて聞き出すようにします。まずは聞き役に徹します。

① 苦情や相談の内容は何か。
② 苦情や相談の原因はどこにあるのか。
③ 苦情や相談は理にかなっているのか、それとも理不尽なことか。

保護者の話の中には一方的であったり、事実を正しく理解していなかったりする場合があります。誠意をもって話をていねいに聞くことで、問題が解決する場合が少なくありません。「苦情」というと、どこかネガティブで、できることならないほうがよいと受けとめられがちですが、それらの中には担任が気づかないこともあります。

A 「報告・連絡・相談（ほう・れん・そう）」を実践しよう。

　学校は校長を最終の責任者とする組織体です。組織の一員として職務を遂行していくためには、次の三つのキーワードを肝に銘じ、いつでも実行することが大切です。これらは保護者からの苦情や相談があったときに限らず、いつでも求められることです。

① 報告：学年主任や教頭など職場の上司に情報を伝えることである。上司が「知らなかった」ということがないようにする。
② 連絡：学校には重要な情報が途切れないようにするために、情報を伝え合う連絡体制が取られている。情報を共有するためである。
③ 相談：自分なりの答えを出す前に、上司などに相談することによって、誤った判断を防ぐことができる。また自信をもって対処することもできる。

　下記のカードは、苦情や相談ごとを書き留め、報告・相談するためのものです。

■「苦情・相談の報告カード」（例）

・苦情・相談者	学年・組（　　　　）　　氏名（　　　　　　　）
・苦情等を受けた人	（　　　　）（　　　　）（　　　　）
・苦情等を受けた時	平成　年　月　日（　）　　時　分～時　分
・受けた場所	教室　　相談室　　校長室　　その他（　　　　）

※苦情・相談の内容（概要）

　

※対応の内容

　

※備考（校長等の指示、課題など）

Ⅱ 保護者への対応 ② 保護者への連絡・対応

Q2 学級通信はどの程度で発行したらよいですか。また、どのようなことを書けばよいですか。

学級通信は、学級担任と保護者をつなぐ重要な役割を果たすものであると考えます。しかし、毎日の学校生活の中で、子どもへの教育指導をはじめ、教材研究や学級事務などの仕事に追われています。学級通信はどの程度の頻度で発行すればよいのでしょうか。また、どのようなことを書くと、保護者から喜ばれるのでしょうか。

A 回数よりも、定期的に発行することが何より大切です。

学級通信は、毎日、週に1回または2回、月に数回など、さまざまな頻度で発行することができます。大切なことは、日々の子どもへの教育指導や教材研究に支障をきたすことがないようにすることです。子どもを自習にさせて学級通信を作成するということは、本末転倒です。あってはならないことです。

学級通信の発行にあたっては、次のことがらについて方針を定め、できるだけ定期的に発行することが大切です。

① 用紙の大きさ。B4判やA4判が一般的である。保護者の多くは、ファイルに保存するので、用紙の大きさを決めておいたほうがよい。縦書き、横書きは自由。

② 発行の回数。無理をしないこと。週1回でも十分である。

③ 通信のタイトル。「たんぽぽ」「つくしんぼ」「ファイト」など、できれば子どもに親しみやすいものがよい。

④ 両面に印刷すると、保護者に読む負担感を与えることもあるので、できれば片面印刷にする。

A 保護者が知りたい内容を中心に構成しましょう。

学級通信を発行する目的は、学級の様子を保護者に伝えることです。専門用語を避け、わかりやすい文章で書きます。人権上の配慮をしたり、著作権を侵害したりすることがないようにします。学級通信は、例えば次のような内容で構成するとよいでしょう。

① 学級や授業中の子どもの様子を具体的に紹介する。作文や写真を掲載するときには事前に本人や保護者の了解をとっておく。

② 次の通信が発行されるまでの学習や学校行事の予定を紹介する。

③ 学校や担任からのお願い事。連絡事項や持ち物などについて書く。

学級通信は、学校から発信される文書です。学級通信を発行するときには、印刷する前に学年主任や教頭に内容を見てもらいます。内容に対する責任は校長にあるからです。

Q3 保護者への「連絡ノート」をどのように活用したらよいですか。

年度のはじめに「連絡ノート」を買い求め、一人一人の子どもがもっています。ところが、子どもによってその利用度に違いがあり、ほとんど活用していない場合も少なくありません。担任と保護者をつなぐ「連絡ノート」を効果的に活用するにはどのような方法があるのでしょうか。

A 保護者からの「連絡ノート」には誠意をもって応答しよう。

多くの学級では、子どもに「連絡ノート」をもたせています。多くの場合、家庭から学級担任への連絡の手段として活用されているようです。そこには次のような特色がみられます。

① 電話するほどではないが、担任の先生の耳に入れておきたいこと。例えば、朝体温が高めだったとか、給食の量を少なめにしてほしいなど、体調に関すること。

② 欠席や早退、遅刻などの連絡や、その理由などの知らせ。

③ 家庭での子どもの様子で保護者として気になったこと。例えば洋服を異常に汚して帰ってきたなど。

④ 保護者から子どもの生活やしつけ、学習などについて相談したいこと。

保護者から「連絡ノート」への記載があったときには、そのままにしておくことは望ましくありません。「わかりました。」「配慮しました。」だけでもよいが、誠意をもって、学校での様子や担任の対応の結果などを具体的にメモして返すようにします。それを見た保護者は安心感をもちます。

A 「連絡ノート」を保護者と担任を結ぶ往復書簡にしよう。

ややもすると「連絡ノート」が保護者からの一方向的なものになりがちですが、担任も積極的に活用するようにします。その際、次のことに留意しましょう。

① 「連絡ノート」はあくまでも個人との間でのやり取りであることから、プライバシーや個人情報の保護には特に留意する。

② 「連絡ノート」に記載したことは、後々まで残る。そのため、憶測や誤解を与えるような表現は極力避ける。

③ 子どもから担任に提出させる場合、他の子どもの目に触れることがないように、管理には特に配慮する。

「連絡ノート」には、一人一人の保護者と担任の間の往復書簡（心の架け橋）としての大切な役割があります。

Ⅱ 保護者への対応 ② 保護者への連絡・対応

Q4 学校でケガをしたり、友だちとトラブルがあったりしたことを、保護者にどのように連絡したらよいですか。

子どもは学校でケガをしたり、友だちとトラブルを起こしたりすることがたびたびあります。保護者への連絡の仕方が悪かったり遅かったりすると、思わぬ結果を招くことがあると聞きます。ケガやトラブルの程度にもよると思いますが、そのようなとき、保護者にはどのように連絡したらよいのでしょうか。

A ケガの種類や程度を見て、臨機応変に対処しましょう。

ケガにもいろいろな種類や程度がありますが、次のようなことに留意します。

① 子どもがケガをしたときには、養護教諭や教頭の指導のもとに、まず初期の治療に努める。
② 病院に搬送する場合には、保護者に連絡して同行を求めることもある。急を要するときには救急車の出動を要請する。
③ ケガの程度や原因、学校としての対応などをメモし、校長の指導を受けて、保護者に報告・連絡する。場合によっては、教頭などと一緒に家庭に出向いて説明する。

ケガの程度が軽度の場合にも、子どもが帰宅する前に学校から保護者に一報を入れるなど、早めの対応が求められます。

ケガをした原因をつきとめ、施設や設備など安全管理を見直す機会にすることも大切です。ケガへの対処の仕方には学校としてマニュアルがつくられていますから、それをまず確認しておきましょう。担任だけで独断で対応せずに、つねに校長や教頭の指導を受けながら対処することが重要です。

A 友だちとの喧嘩やトラブルには、公平に対処しましょう。

子どもの世界で喧嘩やトラブルはつきものです。基本的には子どもの間で解決させることが大切です。しかし時には、保護者が出てくることがありますから、事が大きくならないよう、担任として適切に対応することが求められます。

① 喧嘩やトラブルの原因を双方から公平に聞き取り、まず子ども同士で仲直りするよう指導する。
② 友だちと喧嘩やトラブルがあった事実について、保護者に連絡する。当該の子どもは、保護者に自分の都合のよいことを話すことが多いことから、担任は客観的な立場から事実をていねいに話す。何よりも公平に対処する。
③ 原因をつくった子どもの保護者には、家庭での指導を求めるとともに、担任としても今後の指導のあり方について説明する。

Q5 保護者に学校での問題行動を話したら、「うちの子はそのようなことをするはずがない。」と言われたが、どのように説明すればよいですか。

ある子どもが、学級で友だちの学用品を隠すなどいたずらをしました。そのことを保護者に話したところ、「うちの子は優しい子で、人のものを取ったり隠したりするようなことは絶対にしない。」と言い張り、担任の話を聞こうとしません。このようなとき、どのように説明すればよいのでしょうか。

A 事実を収集して、客観的なデータをもとに説明しよう。

保護者の多くは、「うちの子に限って、悪いことはしない。」と思っています。最近、保護者の前での振る舞いと、学校での行動や教師に接するときの態度が違う子どもが少なくありません。保護者の前ではいわゆる「よい子」が多いようです。

保護者に学校での問題行動について説明するときには、次のことに配慮しましょう。

① 問題行動について、「図書館の本を破いた」「掃除用のモップを壊した」「友だちをいじめた」など、言葉で説明するだけでなく、具体物を示すなど、客観的なデータをもとに説明する。
② 保護者と当該の子どもが同席する場で、本人に直接説明させる方法もある。
③ 「罪を憎んで人を憎まず」の考えのように、行動を改めることに重点をおくなど、これまでのことよりこれからのことを一緒に考えるようにする。

感情的にならないよう、常に冷静に話し、子どもの健全な成長を第一義に考え、共に育てていこうという共感的な姿勢で接しましょう。

A 「うちの子に限って」という保護者の心理を考えよう。

ひと昔前までは、子どもが家で悪さをすると、保護者は「先生に言うわよ。」と言って叱責しました。今では、子どもが学校で悪さをすると、担任が「家の人に言うよ。」と言って過ちを咎めるようです。子どもにとっては、教師よりも親のほうが恐い存在のようです。

そのため、保護者の前では「よい子」でいることが多く、いたずらを直接見たことがない保護者も多いようです。そこには次のような心理が働いています。

① うちの子はそもそも他人に対して悪いことができる子どもではない。
② 家の中での言動と学校での言動が違うことは絶対にありえない。
③ うちの子を育ててきたことに、保護者として自信がある。

こうした保護者の心理状態を理解して、対処することも大切です。

Ⅱ 保護者への対応 ② 保護者への連絡・対応

Q6 保護者への連絡体制（電話連絡網）をどのようにつくったらよいですか。

最近、個人情報の保護制度の施行で、保護者間の連絡網をつくることが困難になってきました。しかし、万が一に備えて、保護者への連絡体制をつくっておくことが大切だと思いますが、どのようにつくったらよいのですか。また、それはどのようなときに活用すればよいのでしょうか。

A 保護者への連絡網の必要性について理解を得ましょう。

電話などによる学校から保護者への連絡体制をつくるときには、学校としてその意図や必要性を説明する必要があります。連絡網は用紙に印刷し、各家庭で掲示などするようになっていることから、個人情報の保護に抵触する可能性があるからです。例えば、次のような手順で作成することが考えられます。

① 電話連絡網を作成するにあたって、学校としての基本方針、活用の目的や方法などについて協議する。
② 基本方針などをPTAの会合や学校通信などで周知し、理解を求める。
③ 理解が得られたら、連絡網を作成する。その際、印刷の範囲は、必要最低限の部分に限定するなど、場合によって変えることが考えられる。
④ どうしても理解が得られなかった家庭に対しては、学校（担任）から直接連絡する体制をとる。

電話による連絡網は、学校や担任からの連絡を緊急かつ効率的に伝えるために優れた手段です。しかし、時代の変化に伴って新しい対応が求められています。

A 電話による連絡網以外の方法も活用しよう。

緊急時における家庭への連絡体制は、何も電話だけではありません。時と場合と内容によっていろいろな方法が考えられます。先に示した「連絡ノート」もその一つです。最近では、次のような工夫を行っている学校もあります。

① 家庭に保護者がいないこともあり、連絡がとれない場合がある。了解が得られれば携帯電話の番号を聞き、そこに電話する。あるいはメールを送信する。
② 学校のホームページを活用したり、メールで配信したりする。この場合には、家庭でのインターネットの普及状況を把握し、協力を得ることが必要になる。

「緊急時」とはどのような場合なのかを予め明らかにし、保護者にも伝えておきます。

Q7 家庭訪問や個人面談を進めるとき、どのようなことに注意すればよいですか。またどのような話をするのですか。

家庭訪問や個人面談は、保護者の意向や願い、要望などを聞いたり、担任から話したりする大事な機会だと考えています。これらを実施するとき、担任として注意することにはどのようなことがありますか。また、家庭訪問や個人面談のときに、担任からどのような話をすればよいのでしょうか。

A 保護者の意向も聞きながら、スケジュールを立てましょう。

家庭訪問や個人面談を実施するときには、その目的をはっきりさせるとともに、予定された期間の中で終了するようにスケジュールを立てることが大切です。例えば、次のような手順が考えられます。

① 校長名で、家庭訪問や個人面談を実施する通知文を出す。これには、目的や期間などが書かれている。

② 保護者に、期間の中で都合のよい日時を聞く。その際、「いつでもよい」「〇日であれば、時間は問わない」「〇日の〇時ごろを希望」など、いくつかの選択肢を用意しておくとよい。

③ 期間中どうしても都合がつかない保護者に対しては、他の日を特別に設定する。

④ 予定を一覧表にして、家庭に配布する。「急に都合が悪くなったときなど、お互いに交換しても結構です。その時には担任までご連絡を。」と記入しておくとよい。

家庭訪問や個人面談の当日には、時間厳守に努めます。予定の時間がずれていくと、後の保護者に迷惑をかけることになります。

A 子どもの成長の様子を具体的な事実をもとに話しましょう。

家庭訪問の目的の一つは、子どもの家の位置を確かめることにあります。長居をするのは禁物です。個人面談は学校や家庭での様子を互いに交換し、その後の指導に生かすことに目的があります。次のようなことに配慮しましょう。

① 保護者の子どもに対する願いや、学校や担任への要望を聞く。

② 最近の子どもの成長の様子を伝えたり、担任からの要望を話したりする。その際、一方的な話やグチは避ける。

③ 当日は仕事を休んでいる保護者もいる。家庭訪問や個人面談に対する充実感をもってもらうようにするとともに、担任に対する信頼関係が高まるようにする。

家庭訪問や個人面談によって得た個人情報には、当然守秘義務があります。

先輩教師の"ちょっとひと言"
保護者は最大の応援団

　最近、保護者から学校へのクレームが多くなったとか、保護者とのコミュニケーションができない若い先生が増えたといった話をよく耳にします。まるで、保護者が学校や担任の敵であるかのような話に発展している場合もあります。確かに、最近の保護者は、以前の保護者と比べるとはっきりもの申すことが多いようです。しかし、そのことは決して悪いことではありません。子どもをよくしたいという思いは一つなのですから、敵のようにして避けるのではなく、積極的にかかわりをもってお互いの思いを共有し合うことが大切ではないかと思います。

　わたしは、保護者は最大の応援団だと思ってきました。実際、担任をしていて、何度も保護者の方々に助けられました。保護者会も授業と同じくらい楽しいものでした。

　子どもたちを史跡巡りに連れていきたいと思っていましたが、自分のクラスだけ勝手に行うわけにも行かず諦めていたときのことです。子どもにこの話を聞いた保護者が、保護者会の席で「休日に子どもたちを史跡巡りに連れていきたいが、学級ＰＴＡの行事にできないか。」と提案したのです。そして「自分たちが主催するから、先生は安心してついてきて欲しい。」というのです。校長先生の許可もあり、ほぼ全員の参加で、学級ＰＴＡ行事が行われました。子どもたちも楽しそうでしたが、それ以上に保護者が楽しそうで、お互いに充実した休日にすることができました。

　それ以外にも、急用ができて帰りが遅くなった保護者の子どもを、近所に住む同じクラスの保護者が面倒を見てくれたこともあります。また、子どもたちが喧嘩をしていると、顔見知りの保護者が必ず叱ってくれ、わたしにも報告してくれました。そんな状態で、保護者の方々には、わたし一人では到底できないことを、さまざまに助けてもらっていたのです。

　応援団になってもらえた秘訣は何だったのでしょうか。
　特別なことをしたという意識はありませんが、心がけてきたことが幾つかあります。
① 子どもの前で保護者をほめること。（悪口は絶対言いません。）
② 保護者の前で子どもをほめること。（よいところを伝えるように努力しました。）
③ 保護者の悩みや相談を真剣に受け止め、一緒に解決策を考えること。
この程度のことは、当たり前のこととして行ってきたように思います。
　時代は変わっても、親がわが子を思う気持ちや子が親を慕う気持ちに変わりはありません。子どもを大事にする教師であれば、保護者は必ず応援してくれると信じています。

研修・研究の方法

Ⅲ 研修・研究の方法

Q1 先輩の先生の授業を参観するとき、どこに目をつけて観察するとよいですか。

先輩の先生の授業を参観する機会があります。ところが、授業のどこをどのように見るとよいのか、授業の様子をどのように記録すればよいのかがわかりません。そのために、参観後に「どうだった？」と聞かれても、きちんと答えられません。授業を参観するとき、どこに目をつけて観察すればよいのでしょうか。

A 指導方法だけでなく、教育の理念を学ぼう。

「まなぶ」は「まねる」からといいます。先輩の先生の授業を参観することは、授業力を高める重要な機会です。次のことに目をつけて観察するとよいでしょう。

① 本時の「ねらい」は何か。教師は子どもに何を身につけさせようとしているか。
② 教師は発問や指示をどのように組み立て、子どもから発言を引き出しているか。
③ 教師は教材や資料をどのようなタイミングで提示しているか。
④ 子どもの学習活動をどのように構成しているか。
⑤ 黒板では子どもの発言や掲示物などをどのように構成しているか。
⑥ 本時の評価はどのような方法で行われ、結果をどのように活用したか、など。

これら全てを観察することは難しいことです。いくつかに焦点を当てて、教師の指導や子どもの活動の様子を観察します。

先輩の先生の授業を参観すると、どうしても指導の技術や方法だけに目が向きがちですが、それだけでなく、その先生の教育理念や子どもに対する見方も学びましょう。

A 不明なところは何でも聞いて確認し、自分の指導に生かしましょう。

授業を参観していると、「授業者はどうしてこのような手だてを取ったのか。」とか「あのとき、授業者は何を考えていたのか。」など不明なことが出てくるものです。参観することは、ただ漫然と「見ている」だけではありません。授業を目的意識をもって「観る」ことです。次のような疑問も出されます。

① あの場面で資料を提示したのはどうしてか。
② 学習指導案どおり行わなかったところがあったのはどうしてか。
③ あの場面で〇〇さんに板書させた意図は何か。
など。

不明なところや疑問に感じたところは、そのままにせず、気軽に聞いて確かめます。納得すると、参観して学んだことを自分の授業に生かすことができるようになります。

A 授業の記録を取って、あとで分析・検討しよう。

授業記録を取ることは、授業研究の重要な方法です。一般には、授業を参観しながら次のようなことを記録します。ここでは広い観察力と瞬時の記録力が求められます。

① 子どもが活発に活動したり発言したりしているのはどこか。それはどうしてか。
② 子どもの理解や思考を促すために、教師はどのような発問や指示をしたか。

記録は、ラジカセで音声を録ったり、ビデオを撮ったりする方法もありますが、そのときには授業者から事前に了解を得るなどの配慮が必要です。

授業記録に決まった形式はありません。次のような事柄は必須事項です。

① 教師の発問や指示
② 教師による資料などの提示
③ 教師の板書事項
④ 子どもの発言などの反応
⑤ 経過した時間（分）

下に示したのは、授業記録の一部を再現したものです。これを参考に、自分なりの記録の仕方を工夫しましょう。

授業記録「3年／農家のしごと」の例

時間	教師の発問など	子どもの反応など	考察
0分	・今日は、どのようなことを勉強するのでしょう。 ・そうですね。ではどのような順序で発表するといいですか。 ・「見学の視点」でしたね。どんなことでしたか。	・前の時間に、農家を訪ねて仕事の様子を調べてきたので、今日はそれを発表します。 ・ぼくは、農家の人にインタビューしてきました。 ・見学する前に決めたことがありました。 ・どんな物をつくっているか。 ・つくるときにどのような工夫をしているか。 ・つくった物はどこに売られているのか。	・本時のめあてを子どもが意識している。どうしてなのか知りたい。 ・なぜか、子どもが生き生きと発表している。
5分	・よく思い出しましたね。では、「農家の人の工夫」が発表しましょう。		

Ⅲ 研修・研究の方法

Q2 先輩の先生に授業を見てもらうとき、どんなことに留意したらよいですか。

校内で、先輩の先生に授業を見てもらうことになりました。「特別な準備はしなくてよいよ。普段の授業でよいのだから。」と言われました。学習指導案はつくったほうがよいのでしょうか、必要ないのでしょうか。先輩の先生に授業を見てもらうとき、どのようなことに配慮したり、準備したりするとよいのでしょうか。

A まずは気軽に、肩肘はらずに授業を見てもらおう。

研究授業として実施して、大勢の先生方から指導を受けるときには、学習指導案を作成して事前に渡しておく必要があります。しかし、「普段の授業」であれば、「略案」程度のものを作成することでいいでしょう。「略案」は次のような最低限の項目で作成します。Ａ４判１枚で十分です。

① 教科名と本時の主題
② 本時のねらい
③ 主な学習活動の流れ
④ 提示する教材や資料

こうした機会で大切なことは、肩肘はらずに気軽に実施し、実施教科や回数を増やすことです。あまり負担感が先に立つと、見てもらうことが苦痛になってしまいます。

校内の先生に授業を見てもらうときは、通常、その先生の空き時間が使われます。そのために、時間割の一部を入れ換えるなどの変更が必要になります。予め予定がわかっている場合には、事前に子どもや保護者に伝えておきましょう。

A 授業を見てもらう先生には、さまざまな配慮が必要です。

たとえ「普段の授業」を参観してもらうときでも、次のような配慮をしましょう。

① 事前に、指導の「略案」を渡しておく。その際に、教科、単元（題材）名、本時のねらいなどは口頭でも伝える。
② 先生がメモなどができるように、教室に机と椅子を用意する。机の上にはメモ用紙と鉛筆を用意しておく。
③ 学級の子どもたちには、「この時間は先生が指導を受けるために、○○先生が教室に来る」ことを伝えておく。
④ 授業後には、その場で感謝の気持ちを伝える。
⑤ 放課後などの時間を利用して、参観してもらった先生から授業についての指導を直接受ける。ここでは、謙虚な姿勢が必要。

授業を見てもらう先生は通常、校内の学年の先生や教科部会の先生であったりします。他校の先生に来ていただいて参観してもらうときには、事前に校長や教頭に相談します。本校の校長からその先生の学校の校長にお願いするなど、事務的な依頼や手続きが必要になるからです。

Q3 校内の研修や研究には、どのような心構えで参加すればよいですか。

校内では、教員としての授業力や資質・能力の向上を目指して、さまざまな研修や研究の機会が計画されています。そのような場では、講師や周囲の先生方の話の内容が難しかったり言葉が理解できなかったりして、あまり興味がもてません。どのような心構えで参加すれば、参考になるのでしょうか。

A 計画されている校内研修・研究の目的を理解しよう。

校内研修・研究の一般的な目的は次のようなことです。

① 指導上の課題や問題点を出し合い、解決のための方法を話し合うこと。
② 研究授業を実施し、教科等の指導方法についての技術を身につけること。
③ 学校や教育についての新しい動きや情報を知り、教育活動に生かすこと。

「校内研修」には、一般に講演会、実技研修会などがあります。研修の内容には、例えば、跳び箱の飛ばせ方、コンピュータの使い方、キャリア教育についてなどがあります。「校内研究」とは研究主題と研究計画にもとづいて研究授業を実施したり、事例を検討したりすることです。課題解決を目指して研究的に展開されるところに特色があります。

校内研修・研究は、一部の教師のために実施するものではありません。全ての教師の資質・能力の向上のために実施されるものですが、問題意識は経験や専門性などによって一人一人違っています。何よりも問題意識を明確にもって参加することが重要です。「教師修業」の貴重な場として受けとめましょう。

A 日頃の自分の授業や指導と結びつけながら、話を聞こう。

校内研修・研究に主体的に参加するためには、次のことを心がけましょう。

① 耳慣れない言葉や難解な用語が出されたときには、その場で遠慮しないで質問する。
② 自分の実践や悩みを積極的に報告するなど、謙虚な気持ちで指導を受ける。
③ 校内研究では、テーマや研究計画にもとづいて、深まりのある話し合いになるよう心がける。

何よりも大切なことは、目的意識をもって参加し、日々の授業や指導と結びつけながら講師などの話を聞くようにすることです。

「研究授業」と「授業研究」

このよく似た二つの用語には次のような基本的な違いがある。
「研究授業」とは、あるテーマを明らかにする、授業力の向上を目指すなど、明確な目的意識をもって実施する授業のこと。「研究授業」を分析・検討することを「授業研究」という。

Ⅲ 研修・研究の方法

Q4 校内で研究授業をすることになったとき、どのように準備を進めればよいですか。

校内で研究授業を実施することになりました。はじめてのことでとても不安です。実施する教科は「社会科」です。社会科は資料づくりが大変だと聞きます。学習指導案も作成しなければなりません。当日を迎えるまでにどのようなことを準備するのでしょうか。また、それらをどのような順序で行えばよいのでしょうか。

A 研究授業を行う教科や教材・題材の「教材研究」を行いましょう。

研究授業を行うときには、学習指導案を作成しますが、そのためにはまず「教材研究」を深めることが不可欠です。教材研究とは、教材についてだけでなく、授業を構成するあらゆる要素について事前に研究することです。具体的には、次のようなことを検討したり作成したりします。これらは学習指導案を作成する際に必要な事項です。

① 指導目標や学習内容の検討
② 授業を実施する学級の実態の把握
③ 教材や題材についての分析
④ 使用する資料の開発・作成
⑤ 学習活動の構成についての検討
⑥ 教師の発問構成と予想される子どもの反応を想定
⑦ 板書計画
⑧ 評価計画

教材研究にあたっては、周囲の先生から助言を受けたり、学習指導要領や解説書、参考書を検討したりすることが大切です。先行実践に学ぶという姿勢をもちたいものです。

A 学習指導案を作成し、校内の先生方に事前に配布しよう。

作成した学習指導案を事前に配布し、参観を依頼します。その際、朝会などの場で授業のポイントを簡潔に紹介することも大切です。当日までに、次のような準備をします。

① 本時に使用する資料を、指導のねらいや子どもの発達段階などを考慮して作成する。
② 作成した学習指導案を使って、近隣の学級で実施したり模擬授業を行ったりする。必要があれば、学習指導案を書き換えることもある。

当日の研究授業は、事前に作成した学習指導案どおりに進行するとは限りません。教師の想定したように、子どもが応答してくることはむしろ少ないと思っていたほうがよいでしょう。授業中には、子どもの学習状況を把握しながら、学習指導案を臨機応変に修正しながら展開していく能力が求められます。

Q5 市や区、町などの研修会や研究会に参加するとき、どのような準備や心構えが必要ですか。

研修会や研究会は、市で主催するものが最も出席しやすいのですが、どうしても話を一方的に聞くといった受け身の姿勢になって、充実感が十分味わえません。ただ出席するだけではあまり成果があがらないと反省しています。市の研修会や研究会に参加し、成果を得るには、どのような準備や心構えが必要なのでしょうか。

A 事前の準備が成果を決めます。

研修会や研究会の成果は、事前の準備ができているかどうかで、大きく異なります。そのため、しっかり準備を行って会に臨むようにしたいものです。

① パンフレットや案内状などで研修会の内容を確認する。
② 参加する研修にかかわる内容を、事前に下調べする。
・研究授業であれば、授業単元のねらいや内容などを、学習指導要領や教科書などで確認する。
・講演であれば、講演者の略歴を調べ、著書や論文などを読んでおく。
③ 研修会ではメモをとり、事後に内容を整理して校長に報告する。

A 受け手から発信者に変身しよう。

研修会や研究会に臨む姿勢は、聞き役、教わり役の受け身から、質問役、提案役などの発信役に変身したいものです。発信役を心がけることによって、研修会や研究会への参加が楽しいものとなり、その成果も、これまで以上に大きくなります。

① 最低1回は質問することを心がける。
・質問しようと思うと、話の聞き方が変わってくる。
② 意見交換の場では、積極的に手をあげ、自分の考えを発表する。
・指名されるまで待つのではなく、進んで発信する方がさわやかな気持ちになれる。
③ 研究授業や提案の機会があれば、積極的に名乗りを上げる。
・自分の授業を見てもらったり、提案を聞いてもらったりすることは、自分の指導技術を向上させるまたとないチャンスである。

Ⅲ 研修・研究の方法

研修会では、講師から、こんなことが学びたいな・・・

III 研修・研究の方法

Q6 自主的な研修会に参加しようと思っていますが、配慮することはどのようなことですか。

近頃、学校での研修や市の研修会だけでは物足りなくなってきました。私が専門としている教科について、より専門性の高い自主的な研修会にも参加したいと思っています。自分のニーズに合った研修会を、どのように決めればよいのでしょうか。また、その研修会には、どのような心構えで参加すればよいのでしょうか。

A 自主的な研修会の目的と自分のニーズを勘案しましょう。

校内研修や市の研修は、だれにも必要な基本を身につけるための内容が中心です。たいていは参加することが義務づけられています。一方、自主的な研修会は、それぞれの興味・関心に基づいて、専門的な研究をしたいという人の集まりです。

自主的な研修会は義務ではありません。勤務時間外に行われるのが普通です。そこで、選択にあたっては、次の配慮が必要です。

① 自分の興味・関心を満たしてくれそうな会か。
・興味・関心からはずれた会は長続きしない。
② 研修会を継続する上で、自分の能力に合っているか。
・自分の能力よりやや高いと感じられるレベルの研修会を選ぶとよい。
③ リーダーの人柄が、信頼できるか。
・自主的な研修会の良し悪しは、リーダーによって決まる。よきリーダーの下にはよき人材が集まる。

A 継続的、積極的に研修会とかかわりましょう。

自主的な研修会への出席は義務ではありませんから、集まってくる人は目的意識がはっきりしていて意欲的です。このような集団の中では、受け身の気持ちで出席していては集団から取り残され、成果もあがりません。自主的な研修会で成果をあげるコツは、次の点にあります。

① 研修会への出席を優先順位の上位に置き、休まず出席する。
・継続は力なり。続けることで大きな成果があがる。出席するだけでなく、遅刻もしないという心構えが大切。
② 積極的に発信し、自分の考えや実践を評価してもらう。
・提案の機会があれば積極的に引き受ける。また、進んで発言し、評価を受け、自分をふり返ることが大切。
③ 多くの人に学び、よりよい人間関係を築く。
・礼儀正しく人に接することにより、多くの人から学ぶことができる。人とのつながりがかけがえのない財産になる。

Q7 若い教師が集まって勉強会を開こうと思っているのですが、どのような内容や方法がありますか。

先輩の先生方からいろいろな指導を受ける研修会や研究会にも参加していますが、そろそろ、同じような悩みや課題を抱えている若い教師が集まって、自分たちの問題解決に役立つ勉強会を行いたいと思っています。自分たちで会を運営していきたいと思っているのですが、どのようなことに気をつけて行ったらよいでしょうか。

A 悩みや課題を共有できる内容を考えよう。

同じような悩みや課題を持ち寄って勉強会を行うことは大変よいことです。お互いの課題を共有し、知恵と元気の源になります。

どのような内容の勉強会にするかは、一人で決めずに同じ立場の人で相談するのがよいでしょう。

若い先生だけの会ですから、あまり高度な内容にする必要はありません。

① 学級経営の工夫やアイデアを交換し合う勉強会にする。
・学級通信や学級のルールなどを持ち寄ることが考えられる。
② 学習指導の基本について学び合う勉強会にする。
・授業力アップのための基本的な指導技術について、お互いの工夫を交換し合うことが考えられる。
③ その都度提案を持ちよって、意見交換できる勉強会にする。
・学習指導案や実践記録などを、それぞれが持ちよって、テーマを決めずにその都度意見交換をする。

A 方向性をはっきりさせてからスタートしよう。

自主的な勉強会を行うには、目的や内容が固まっても、方法がはっきりしないと頓挫してしまうことがあります。そうならないためには、校長先生や大学の恩師など、その道のベテランに相談するとよいでしょう。できれば、そうした方々にお願いし、アドバイザーとして会に参加してもらうとよいでしょう。

他にも、次のような事柄を相談し、しっかりした方向性をもってスタートさせることが大切です。

① 時間：はじめと終わりをはっきりさせる。
・何曜日の何時から何時までというように、集まりやすい時間を設定する。
② 場所：同じ場所で継続して行う。
・学校で行う場合には校長先生の許可が必要である。外部の会場を利用する場合には、使用料を徴収されることがある。
③ 指導者：会員の総意で依頼する。
・指導者がいないと議論が空回りするので、どなたかにお願いする方がよい。継続してお願いするかその都度お願いするかは、会員の総意で決める。

Ⅲ 研修・研究の方法

Q8 長期休業などに研修に参加するとき、どのような手続きがあるのですか。

長期休業日には、授業がありませんから、普段は行けないところに出かけて研修会に参加したり、教材研究をしたりしたいと思っています。このような研修が認められるのは、どんな内容の研修ですか。また、研修に参加するためには、どのような手続きが必要なのでしょうか。

A 研修には校長の承認が必要です。

長期休業中は、研修の絶好の機会です。教育公務員特例法にも、「教員は、授業に支障のない限り、本属長の承認を受けて、勤務場所を離れて研修を行うことができる。」（第22条）との規定があります。従って、本属長（校長）の承認があれば、職務専念義務を免除され、勤務場所を離れて研修することができます。

ところで、一般に、校長が職務専念義務を免除する研修は、次のことが条件になります。

① 授業に支障がないこと
② 校務運営上支障がないこと
③ 研修の態様や場所などから、研修の必要性や有効性が認められること

少し前までは、教員は夏期休業中に自宅で研修することが当たり前のようになっていました。現在では、研修の必要性や有効性の観点から、「自宅研修」を認めている例はほとんど見られません。

A 研修には、事前事後の手続きを踏みましょう。

校長に研修の承認を受ける場合には、事前に「研修承認願」を提出する必要があります。研修承認願いは、校長が研修を承認するために必要な情報がなければなりません。

一般的には、校長が定めた様式に沿って、以下のような内容を記入して、研修の承認を求めます。

① 研修会名
② 研修の主催者
③ 研修の目的
④ 研修日時（期間）
⑤ 研修場所
⑥ 研修内容
⑦ その他（経費など）

研修が承認され、実際に研修を行った場合には、終了後に「研修報告書」提出します。報告書の内容も、校長が定めた様式によりますが、以下のような内容が一般的です。

① 研修の成果
　・今後の仕事に生かせること
② 今後の課題
　・研修を通して発見した新たな課題
③ その他

研修承認願

氏名〔　光　文太郎　印　〕

下記の研修について、承認くださいますようお願い致します。

記

1　研修会名　　　　魅力ある学級づくり研修会

2　主催者（後援者）　○○市教育委員会

3　研修の目的　　　事例演習及び講義を通して、学級経営を振り返り課題を明らかにし、子どもにとって魅力ある学級づくりの方策を考える。

4　研修日時　　　　平成19年 7月25日（月）午前9時　から
　　　　　　　　　　平成19年 7月26日（火）午後5時　まで

5　研修場所　　　　○○市研修センター

6　研修内容

（1）　学級経営の現状と課題（演習）

（2）　魅力ある学級経営について（事例研究）

（3）　子ども一人ひとりをいかす学級経営の基本（講義）

　　　　　＊研修会のパンフレットがあればそれを添付する。

7　その他

　＊授業や校務への支障の有無、費用等を記入する。

校長	教頭

① 形式は、それぞれの学校（校長）が定めますから、必ずしもここに記したものと同一ではありません。
② 校長の承認を得る書類ですから、相手に伝わるように簡潔・明瞭に書くことが必要です。
③ 書類の提出は、遅くとも1週間前までには行う必要があります。

III 研修・研究の方法

Q9 授業力を向上させるために勉強したいのですが、どのような参考図書がありますか。

わたしの課題は授業力を向上させることです。本を読んで勉強したいと思って、本屋さんに出かけてみるのですが、たくさんありすぎて、あれこれ目移りして困っています。授業力を向上させるために、これだけは読んだほうがよいという、基本となる参考図書を、何冊か紹介してください。

A 授業力の基本は学級経営です。

よい学級経営のヒケツとは、学級を単位とした教育指導の成果をあげるための諸条件の整備だと言われます。

整備すべき諸条件として考えられるのは、
① 居場所のある人間関係をつくる。
　・集団の成員がお互いを認め合い、尊重し合って自己実現が図れる人間関係を構築する。
② 学習全体のルールを定着させる。
　・「チャイムと同時に授業を始める」「授業は礼に始まり、礼に終わる」等のルールを定着させる。
③ 話し合いのルールを定着させる。
　・「黙って手をあげる」「指名されたら返事をして立つ」「聞く人にへそを向けて話す」などのルールを定着させる必要があります。

これらの諸条件を整えるために参考となる図書は、「学習指導要領解説特別活動編（文部科学省）」をはじめとする特別活動関係の図書がお勧めです。

A 学習指導のバイブルは学習指導要領です。

よりよい学級経営の諸条件が整ったところで、各教科等の授業の力をつけるには、以下のような事柄が必要になります。
① 児童・生徒理解
　・個の課題把握と指導・援助
② 指導計画の作成・実施
　・実態に応じた指導と評価の作成・実施
③ 専門的な知識・技能の獲得・活用
　・教科等の専門的知識・技能を授業に活用
④ 研修・研究の成果の活用
　・自己の課題の克服や得意分野の伸長
⑤ 指導法の改善
　・興味・関心や個に応じた指導法の工夫
⑥ 児童の変容の把握
　・個の進歩・成長、基礎基本の定着の把握

これらのことをマスターするには、学習指導要領の考え方を吸収する必要があります。そこで、お勧めしたい参考図書には、
・各教科等の学習指導要領解説（文部科学省発行）
・各教科の教科書の指導書（教科書会社発行）
をあげます。

授業力・チェックしてみよう

1	**明確な指導目標** 単元や毎時間の目標が明確で、その意図が子どもに伝わっていますか。	
2	**精選された学習内容** 目標との関係で、学習内容が精選・集約されていますか。	
3	**子どもが追究する学習過程** 子ども自身が問題を追究し、解決できる学習過程が工夫されていますか。	
4	**生き生きとした学習活動** 考えたり、話し合ったり、表現したりできる学習活動が保証されていますか。	
5	**学び合いができる学習形態** 目的に応じて一斉、小集団、一人で行うなどの学習形態が工夫されていますか。	
6	**発展性のある資料・教材** 考えを揺さぶったり、深めたり、広げたりする資料・教材を提示していますか。	
7	**その気にさせる環境づくり** 地域の教育資源などを活用し、その気にさせる学習環境をつくっていますか。	
8	**個を生かす指導技術** 発問、板書、ノート指導、机間指導などで一人一人を生かしていますか。	
9	**子どもを意欲づける評価** 一人一人のよさやつまずきを見つけ、意欲づけや励ましを行っていますか。	
10	**活動を促す教師の指導** 評価と一体となった指導で、子どもの活動を促していますか。	

III 研修・研究の方法

Q10 研究会などに出張した後、校長や学校にどのように報告するのですか。

勤務場所を離れて、公務として研究会などに出張した時には、後で校長に報告する必要があると言われました。しかし、どのような内容を、どんな方法で報告すればよいかがわかりません。定まった用式や書類の提出期限などはあるのでしょうか。報告する内容について、具体的に教えてください。

A 公務であることを念頭に置きましょう。

校長が研究会などへの出張を命じるのは、個々の教師が自分の力量を高めるだけではなく、学校の課題を解決するためでもあります。従って、出張の後に校長に成果を報告するのは、大きく分けて次のような二つの意味があります。
① 出張者が、勤務場所を離れて滞りなく公務を遂行したことを証明する。
② 出張で得られた成果を報告し、学校全体へ成果を還元する。

このように、研究会等への出張は、公務であることを念頭に置き、復命できるように記録に留めておくことが必要です。

復命書
「報告書」のことを「復命書」ということがある。復命とは、命令によって出張したことに対して、その役目を果たしたことを報告するという意味がある。

A 還元できる成果を報告する。

出張後の報告の仕方は、必ずしも一律ではありません。口頭で報告する場合と文書で報告する場合があります。また、文書で報告する場合の書式も、学校によってさまざまです。

初任者研修や十年経験者研修などの法定の研修では、教育委員会が報告書の書式を定めている場合もあります。

いずれの場合でも、次のことが伝わるようにして報告することが大切です
① どのような内容の研究会であったか。
・目的、内容、方法などの概要がわかるように報告する。
② どのような成果が得られたか。
・自身にとって活用できる成果があったか。
・学校全体に還元できる成果はあったか。
③ どのような資料が得られたか。
・得られた資料を添付し、学校全体に還元できそうなものについては、回覧したり印刷して配布したりするとよい。
④ 今後の課題は何か。
・出張によって発見した新たな課題があれば記しておく。

■出張報告書（復命書）の書式例

出張報告書

氏名〔　　光　文太郎　　印　〕

1　出張目的（研究・研修会名）
　　　　　　○○市夏季集中研修「魅力ある学級づくり研修会」

2　出張日時　　　　平成 19年 7月 25日（月）午前 9時　から
　　　　　　　　　平成 19年 7月 26日（火）午後 5時　まで

3　研究・研修内容
（1）　学級経営の現状と課題（演習）
（2）　魅力ある学級経営について（事例研究）
（3）　子ども一人ひとりをいかす学級経営の基本（講義）
＊パンフレットがあればそれを添付する。

4　研究・研修の成果
（1）　1学期の学級経営上の課題を明確にすることができた。（チェックシートの活用）
（2）　事例研究を通して、学級でのルールづくりや年間の活動の見通しづくりのポイントや具体的な取組を理解することができた。
（3）　子どものよさや可能性を生かしながら、学級集団としてのまとまりがあり建設的な雰囲気をつくり出すことの大切さを理解することができた。
＊収集した資料等があればそれを添付する

5　今後の課題
（1）　本研修会で学んだことを実践する。
（2）　学級経営を基盤にして、魅力ある授業づくりにチャレンジする。

6　その他
＊感想・意見等があれば記入する。

校長	教頭

＊書類の提出は、遅くとも3日以内に行う必要があります。

先輩教師の"ちょっとひと言"
失敗は成功のもと

　授業の腕をあげるのは、そう簡単なことではありません。わたしの経験では、上手くいったことよりも失敗から学んだことの方が多かったように思います。特に、教師になりたての頃はよく先輩に指導されました。これが貴重な財産になりました。

　その一つに、「机間指導の仕方」があります。

　算数の研究授業で、かけ算の仕方を取り上げた時のことです。二位数×一位数の筆算の仕方を教えた後で、子どもに練習問題を解くように指示をしました。子どもたちは、すぐに問題に取りかかりました。そこで、わたしは悠然と机間指導を行ったのです。

　あと5分ほどで授業は終了です。子どものできはまずまずの様子です。わたしは、ほっとした気持ちで机間指導を終え、教卓の前に戻ってきました。そして、子どもたちに向かって、「できた人は手をあげてください。」と言いました。ほとんどの子どもが手をあげたのですが、まだ数名の手が上がりませんでした。そこで、わたしは「もう少し待ちましょう。」と指示を出しました。　やがて、1分ほどで全員の手が上がり、一人の子どもに答えを言わせました。正解です。わたしは、再び「できた人？」と問いかけました。今度は全員の手が挙がりました。わたしは、この事実に満足して授業を終えたのです。

　悲劇はこの後でした。授業検討会の場で、わたしの満足感は無惨にも打ち砕かれました。
・机間指導は何のためにあるのか。
・机間指導はどのように行うのがよいのか。
が議論されました。
・机間指導は一人一人の学習状況を把握するためにあるのだから、「できた人は手をあげてください。」というのでは机間指導を行ったことにはならない。
・「できた人は手をあげてください。」と言うのではなく、できていない子どもを把握し、個別に指導するのが机間指導の心得だ。
と言うのです。まったくその通りで、赤面の思いでした。

　それ以来、机間指導で子どもの様子をしっかり把握することができるようになりました。もちろん、「できた人は手をあげてください。」という言葉は、わたしの授業にはなくなりました。

　授業の腕をあげる近道は、失敗を恐れずに研究授業に挑戦することです。そして、多くの人に見てもらい、本当のことを指摘してもらうことです。多くの失敗（指摘）が確かな指導技術につながると確信しています。

IV

「こんな子」への指導のポイント

IV 「こんな子」への指導のポイント

Q1 不登校気味の子どもにはどのように対応したらよいですか。

担任している学級に不登校気味の子どもがいます。不登校気味になる原因はさまざまでこれといった有効な手立てがないと聞きます。その子どもが続けて休んだときも、電話がよいのか家庭訪問するのがよいのか迷ってしまいます。子どもの様子に合わせてどのように対応したらよいか教えてください。

A 登校渋りの兆候を早期に発見し、早期に対応しよう。

子どもの様子をきめ細かく観察し、登校渋りの兆候をできるだけ早くキャッチすることが大切です。

> 学級の子どもの顔を思い浮かべてチェックしてみよう。

① 学校での気になる様子
- □ 一人でいることが増え、元気がなくなる。
- □ 「お腹が痛い」「気持ちが悪い」など訴えて保健室に行くことが増える。
- □ 忘れ物が多くなったり、学習や活動への集中・参加が少なくなったりする。

② 家庭での登校渋りの兆候
- □ 朝になるとお腹や頭が痛いと言う。
- □ 日曜日の夕方から元気がなくなり、休み明けに休むことが多くなる。
- □ 遅刻や早退が増える。

③ 早期の対処法（初期段階）
- □ 無理な原因追究をせず、その子のありのままの状態を受容する。
- □ 「あなたのことをいつでも見守っているからね。」という気持ちが伝わるよう、優しい声かけをする。
- □ 家庭とも情報を共有し、子どもが安心感をもてるようにする。

A 不登校状態が続く子どもには、家庭や専門機関と連携しながら対応しよう。

引きこもり状態の子どもには、家庭訪問や励ましがプレッシャーとなってしまうこともあります。担任一人で抱え込まず、校内の教育相談担当や専門機関に相談しながら対応を進めましょう。

① 前担任や教育相談担当、保健室の先生、スクールカウンセラーなどに相談する。
② 学年主任を通じて管理職にも相談し、情報共有や対応の検討など校内体制をとってもらう。
③ 家庭との連絡も密にして、学校と家庭の役割を確認しながら、本人との結びつきがとぎれないようにする。
④ 教育相談所や適応指導教室などの専門機関との連携を検討する。

> 行事には参加できるという場合も多い。学校だより、学年・学級だよりを届けるときに、行事への案内の手紙を添えてみよう。

・通知表は家庭に直接届けよう。
・不登校の子どもは、始業式の2〜3日前から悩んでいるので、前日には安心させる連絡をしよう。

> もしもし、○○さん、明日は保健室の山田先生も待っているよ。
> でも無理はしなくていいからね。

Q2 病気気味の子どもへの対応では どのようなことに配慮すればよいですか。

病弱なために友だちと同じように活動できない子どもがいます。また、日常生活に支障がなくても、運動や食事に制限があったり、宿泊行事の際は薬を持参したりしなければならない子どももいます。そのような子どもの把握の方法や、まわりの子どもへの指導のポイントなどを教えてください。

A 年度はじめに家庭との連携体制を整えよう。

まず、家庭から子どもの病状やアレルギーの様子をていねいに聞き取り、配慮事項や対応の仕方について十分に把握しておきましょう。

① 年度当初に保健カードなどを使って、「学校に知らせておきたいこと」を把握する。
② 健康カードの記述について個別に連絡し、病状や服薬について詳しく聞き取っておく。
③ 病気が原因で休みがちになったときは、学習内容などの連絡をていねいにする。 
④ 長く立ち続ける集会や体育などでは、無理をさせないように配慮する。

A 他の子どもの理解を図り、万が一の時の校内体制を整えておこう。

病気気味なことが原因で配慮が必要な子どもについては、学級の子どもたちにも事情を話し、「特別扱い」ではなく必要な配慮であることを理解させましょう。また、状態が急激に悪化した際の対応については校内で確認しておきましょう。

① 家庭にも相談した上で、学級の子どもにその子の病気について配慮が必要なことを話す。
② 調子が悪そうなことに気がついた人が先生にすぐ連絡できるような学級の雰囲気をつくる。 
③ 急激に病状が悪化したときの対処法について、養護教諭を中心に校内体制を確認しておく。

Ⅳ 「こんな子」への指導のポイント

IV 「こんな子」への指導のポイント

Q3 LDなどの軽度発達障害の子どもには、どのような対応をしたらよいですか。

通常の学級には、LDやADHD、高機能自閉症などの軽度発達障害と言われる子どもがいると聞きます。学級にもLDではないかと思われる子どもがいますが、どのように対応したらよいのでしょうか。軽度発達障害の子どもには、担任としてどのような配慮をする必要があるのかを教えてください。

A 「おや。何かおかしいぞ」という「気づき」を大切にしよう。

30人の子どもに同じように指示をしているのに、いつもその子どもだけ反応が違う。ていねいに話をしても入っていかない感じがする。「おやっ。何かおかしいな。」と思える担任の感性が、特別支援教育のスタートには欠かせません。

① 「おやっ」と思う子どもの行動の特徴を記録し、いつ、どんな場面で、子どもがどんな困難さを示すかを整理する。
② 特別支援教育コーディネーターの先生に相談し、特別な支援の在り方について校内委員会で検討してもらうようにする。
③ 保護者にも学校生活で子どもが示す困難な状況を伝え、家庭で困っていることや工夫しているかかわり方などを聞いてみる。

LD、ADHD等の子ども
・LDやADHD、高機能自閉症などは「障害」なので、指導者側に正しい知識が必要。
・通常の学級に4～6％程度の割合で在籍にしているという統計データがある。
・家庭のしつけのまずさや本人の怠けによって、学習や行動に課題が見られるわけではない。

A LD、ADHD、高機能自閉症などの特徴的な傾向を知っておこう。

LDなどの診断は医師の仕事です。学校では、その障害に応じた支援を工夫し、子どもの学校生活上の困難さを改善することになります。次の行動傾向を参考に、子どもの困難さを探ってみましょう。

① LD（学習障害）の子ども
　知的な遅れは見られず、聞く、話す、読む、書く、計算する、推論するなどの特定の活動で著しい困難を示す。
② ADHD（注意欠陥・多動性障害）の子ども
　時間が守れない、物の整理や情報の管理が苦手、大切なことを忘れる、見通しをつけるのが苦手で、衝動的に行動してしまう、注意力を持続することができないなどの状況を示す。
③ 高機能自閉症の子ども
　他人との関係づくりが苦手、言葉の遅れ、興味・関心が狭く特定のものにこだわるなどの状況を示す。

Q4 通級指導が必要な子どもへの対応の仕方を教えてください。

担任している学級には吃音でうまく言葉の表現ができないことで困っている子どもがいます。隣の学校には言語障害の子どもを対象とした通級指導学級があり、子どもの状態に合わせて個別の指導・支援を受けられると聞きました。通級指導学級にはどのような子どもが通うのでしょうか。また、通級指導学級への通級をはじめるまでに必要な対応を教えてください。

A 通級指導学級は、言語障害や情緒障害、弱視、難聴などの子どもを対象としています。

　授業のほとんどを通常の学級で受けながら、週に1～2日程度通級指導学級に通級し、個別の指導を受けることでその障害が改善されていくと考えられる子どもが対象となります。

通級指導学級	対象となる状態など
言語障害学級	構音障害、発声障害、吃音および言葉の遅れなど
情緒障害学級	情緒不安定、LD、ADHD、高機能自閉症等
弱視学級	弱視（軽度）
難聴学級	難聴（軽度）

A小学校
月・火・木・金曜日はA小学校の3年2組で授業

水曜日はB小学校通級指導学級で個別の授業
B小学校

A 保護者との相談を進めながら、校内支援体制を整えよう。

　通級指導学級に入級するためには、教育委員会に入級相談を申し込み、その子どもが通級指導の対象となるかどうかを検討する手続きを進める必要があります。

① 校内委員会に相談し、特別な支援の在り方について校内の関係者で検討する。

② 保護者との相談を進め、家庭で困っていることやかかわり方で工夫していることなどを共有する。

（吹き出し）
- みんなの前で発表するとき、少し自信をなくしているみたいです。
- 幼稚園のときもゆっくり落ち着いて話すようにしていました。
- あせればあせるほどうまく話せないよ。

③ 保護者の「通級による指導を受けさせたい」という意思がはっきりしたら、入級相談の申し込みを進める。

通級による指導
　小・中学校の通常学級に在籍している障害の軽い子どもが、ほとんどの授業を通常学級で受けながら、通級指導教室に週に1日程度通級し、障害の状態に応じた特別な指導を受ける指導形態のことである。

IV 「こんな子」への指導のポイント

Q5 虐待を受けている可能性のある子どもへの対応の仕方を教えてください。

担任している学級には、朝ごはんを食べてこない子どもがいます。もしかすると夕ご飯も食べていないのではないかと思えることが時々あります。給食ではおかわりをしてたくさん食べます。「おうちで何か困っていることある？」と聞いても、「何もない。」と言います。虐待を受けているのではないかと心配です。どのように対応したらよいでしょうか。

A 「虐待」を発見した人には、通告義務が法で定められています。

「虐待」を疑い、それが間違いであっても許されますが、行動を起こさずに子どもを危険から守れないほうが問題です。児童福祉法では、虐待の発見者は児童相談所や福祉事務所に通告しなければならないことが定められています。

① 子どもの生命にかかわることかもしれない。まず気づいた人が行動することが大切である。
② 学年主任や校内の教育相談担当者、管理職に相談する。
③ 日時、場所、子どもの様子など、詳細な記録をつける。

虐待の種類	子どもを取り巻く状況
身体的虐待	打撲傷、あざ、骨折、タバコによる火傷など
性的虐待	性的暴力、性的行為の強要
ネグレクト	衣食住に関する無関心・怠慢 養育放棄
心理的虐待	言葉による脅かし、脅迫、無視

A 食事を与えないことはネグレクトです。他に気になることはありませんか。

給食の過食や食べ物に対する極端なこだわりが見られる、あるいは拒食があるような場合、家庭での食生活を心配してみる必要があります。他に心配なことはないか情報を整理してみましょう。

① 子どもの様子を観察する視点の例
  □ 家庭の話をいやがる。
  □ 体重の減少が著しい。同学年の子どもに比べて体重・身長の増加が極端に少ない。
  □ 衣服や身体の不潔、不衛生、提出物や準備物の不足などが日常的。

② 具体的な対応の流れ

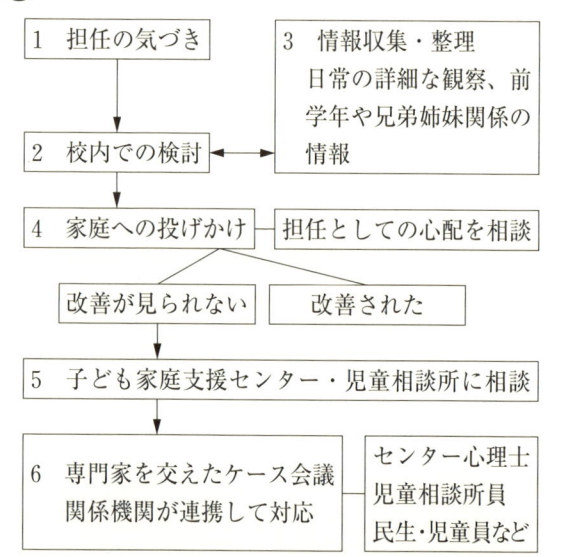

1　担任の気づき　　　　　3　情報収集・整理
　　　↓　　　　　　　　　　日常の詳細な観察、前
2　校内での検討　←→　　　学年や兄弟姉妹関係の
　　　↓　　　　　　　　　　情報
4　家庭への投げかけ　―　担任としての心配を相談
　　↓　　　　　　↓
改善が見られない　改善された
　　↓
5　子ども家庭支援センター・児童相談所に相談
　　↓
6　専門家を交えたケース会議　　センター心理士
　　関係機関が連携して対応　　児童相談所員
　　　　　　　　　　　　　　　民生・児童員など

Q6 朝ごはんを食べてこない子どもへの指導の仕方を教えてください。

担任している学級には、朝ごはんを食べてこない子どもが7～8人います。食育の重要性が叫ばれている中で、この子どもたちは朝食抜きの生活に慣れてしまっているようで、このままでは心配です。しかし、中にはその家族のみんなが朝食をとらないという子どももいて、指導に難しさを感じています。子どもの状況に応じた指導の仕方について教えてください。

A 子どもたちの実態把握をして、朝食欠食の理由を聞いてみよう。

平成17年7月に食育基本法が施行され、学校や家庭での食育について関係者が連携して計画的に進めていくことになりました。まずは学校や学級の子どもたちの実態を把握し、どのような課題があるかを明らかにする必要があります。

① 家庭の協力を得て、子どもの食に関する実態を調査する。

```
「食」に関する調査    4年 星空 あかね
1  朝ごはんを食べていますか。
   ①  必ず食べる     ②  だいたい食べる
   ③  時々食べる     ④ (ほとんど食べない)
2  1で③と④に○をつけた人は、その理由を書
   いてください。
   (朝はごはんを食べている時間がないから。)
3  給食で好き・嫌いがありますか。
```

② 朝ごはんを食べてこない理由を分析して、対策案を立てる。

〔朝ごはんを食べない理由〕　〔対策の方向性〕

朝、食べる時間がない。	生活リズムの改善といっしょに考えていく。
起きたばかりでお腹がすかない。	
お母さんがつくってくれない。	家庭の事情への配慮が必要。

A 家庭や栄養士と連携して、学校での食育を進めよう。

食育全体計画をつくり、学校全体で食育を進めることが理想です。教科や特別活動、総合的な学習の時間の中で、家庭や栄養士等と連携して食育を進め、朝食の重要性や食事への実践的な態度を身につけさせる指導を行います。

① 栄養士といっしょに「朝食の役割」といったテーマの指導案を立てて授業をする。

「授業の導入で、アンケート調査結果を出したらどうかな？」
「朝食をとらないと元気が出ないってことを紙芝居にしましょう。」

② 授業後の子どもの感想を学級だよりなどで紹介し、保護者の意識を啓発する。

③ 保護者懇談会で「食に関する調査」の結果を話題にしたり、栄養士に話をしてもらったりして、食育への意識啓発を進める。

食に関する意識啓発の取組例
- 栄養士の「今日の献立クイズ」(月1回、給食の時間)
- 学級だよりで「食育コラム」を連載(記事は栄養士、保護者などから寄稿してもらう)
- 食育推進ポスターの作成(総合的な学習の時間)

IV 「こんな子」への指導のポイント

Q7 食物アレルギーのある子どもにはどのような配慮や指導が必要ですか。

牛乳やチーズなどの乳製品にアレルギーを起こす子どもがいます。4月当初、家庭からの申し出があったので、自校の調理室にも連絡をして、給食では、その子が乳製品を口にしないように十分に気をつけています。しかし、他にも食物アレルギーのある子どもがいるかもしれません。学級担任として必要な配慮や食物アレルギーの子どもへの指導について教えてください。

A 情報を収集し、関係者で共有しよう。

食物アレルギーがある子どもは、家庭ですでに気づいている場合が多いので、学校としてその情報を把握し、管理職をはじめ保健室や給食調理室の関係者と共有することが大切です。

① 幼稚園・保育園から、また、就学前検診や入学児童調査票などを用いてアレルギーの情報をキャッチする。
② アレルギーの有無を健康調査票に記載してもらい、「有」の場合は家庭訪問や個人面談で詳しく聞く。 
③ 「個人カルテ」を作成し、保護者、医師、担任等が必要事項を記載し、関係者が目を通し、養護教諭がしっかり管理する。

A 子どもの自己管理能力を高める指導が大切です。

アレルギーのある子ども自身が、一生向き合っていくことになるかもしれないアレルギーのことをよく理解し、自ら健康の管理ができるような実践力を身につけさせることが大切です。

① 食物アレルギーについて理解させる。
② アレルギーを起こさないために必要なことを理解させ、実践させる。

〔食物アレルギー対策シート〕＊高学年用
□ 献立表で食材を調べる。
□ 心配な食物に気づいたら先生に相談する。
□ 友だちに勧められても理由を言って断る。
□ ・・・・・

③ アレルギーについて学級全体で指導し、正しい理解と実践的態度を身につけさせる。

「食物アレルギーについて調べよう」
1　食物アレルギーとは。
　　ある食べ物が原因で・・・・・
2　誰もがなる可能性がある。
3　いろいろな種類がある。
　　たまご、乳製品（牛乳、チーズ）、魚類、貝類・・・
　　そば、大豆、小麦・・・・
4　アレルギーが出るとどうなるか。
5　わたしたちが気をつけること。

Q8 転校してきた子どもにはどのような配慮や指導が必要ですか。

転校してきた子どもは、まだ学校や地域に慣れないためか不安そうで笑顔も見られません。担任として気になっています。できるだけ早く仲のよい友だちができて、学級も楽しく、この学校に転校してきてよかったと思えるようにしてあげたいと思います。どのような配慮が必要ですか。

A 学校や学級の様子などについて、知らせよう。

子どもが生活環境の変化に慣れるには、相当のエネルギーが必要です。子どもや保護者が、学校や学級の様子、学習や行事の予定などの見通しをもてれば、心配や不安が少しずつ解消されます。まずていねいに面談しましょう。

① 子どもや保護者に、「この先生なら安心だ。」と思ってもらえるように面談を進める。
② 学校全体の様子がわかる資料をもとに、新しい学校生活のイメージをもってもらう。
③ 学級での生活などについて何か心配なことはないか、子どもに聞いてみる。 
④ 学級の様子や当面の相談担当者のことを話し、しばらくはこのような面談を時々行うことを話して安心させる。

A 転校生の不安な気持ちを理解し、温かく迎える学級の雰囲気づくりをしよう。

なかなか人間関係がつくれず、転校生がいじめに合うということも少なくありません。転校生の不安な気持ちを理解し、学級の一員として温かく迎えることについて、子ども自身に考えさせ、実行させるようにしましょう。

① 転校生がどんな気持ちで来るか、学級の仲間としてできることはないかなどについて話し合わせる。
② 特別扱いではなく、相手の立場に立った思いやりで行う学級としての取組を確認する。
③ 転校生が何でも相談できる「相談担当者」を決める。
④ 子どもたちが決めた取組の様子や、子どもたちの人間関係には細心の注意をはらって見守る。

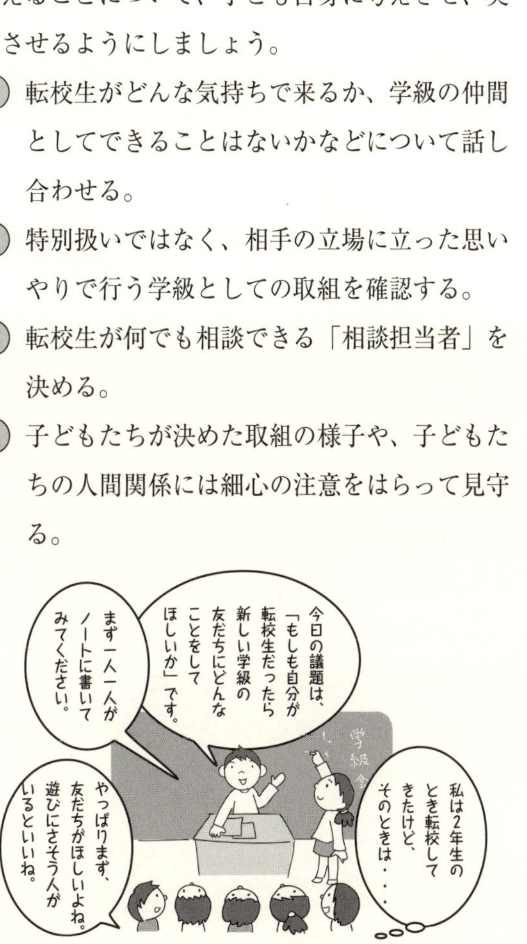

Ⅳ 「こんな子」への指導のポイント

Q9 一人親（単身）家庭の子どもにはどのような配慮が必要ですか。

社会全体の傾向として、保護者が離婚して一人親になるという子どもが増えているようです。担任している学級にも、一人親家庭の子どもが3人います。日常の指導や子どもたちとのかかわりの中で、配慮が足らずにその子どもたちの気持ちを傷つけてしまっているようなことがないか不安です。

A 個人情報として配慮すべきことがあります。

学校として、その子どもの家族構成や家庭環境などの個人情報を把握する場合は、必要最小限とし、その管理には細心の注意が必要です。また、子どもの作品に家庭の状況などが表現される場合についても、十分に配慮しましょう。

① 家族構成や家庭の状況などを記載する提出物の扱いには十分注意する。
② 多くの目に触れるようなものでは、一人親家庭であることが特定されてしまうような内容は慎重に扱う。

| 名簿の「保護者欄」は不要 |
| 学級名簿　　PTA会員名簿 |
| 掲示物 |
| 自己紹介カードの「家族紹介」の欄 |
| 文集（不特定多数の目に触れる場合） |
| 家族について書かれた作文は慎重に扱う |

③ 「母の日」「父の日」の扱いは、子どもたちの実態に応じて慎重に対処する。

A 一人親家庭への「支援」という視点から配慮しよう。

一人親家庭の親は、多くの場合、子育てをすることと、働いて生計を成り立たせるという二つの役割を一人で行い、社会的、精神的にも不安定な状態になりがちです。子どもも何らかの影響を受けていると考えた配慮が必要です。

① 生活リズムが安定しているかどうか、子どもの様子や会話を通してつかんでおく。
② 集金や提出物など期限のある物について、家庭との連絡をまめにとる。
③ 一人親であることが、ひやかしやからかいの対象となるようなことがないか、友だちの関係にも注意する。

◎ 子どもたちの遊びの輪の中に入って、子どもたちの様子をよく把握する。
◎ 子どもたちが何でも相談できる関係を築いておく。

Q10 学習につまずきがちな子どもにはどのような指導や支援が必要ですか。

算数の学習中、学級のほとんどの子どもができる問題でもつまずいて先に進めない子どもが5〜6人います。教科書の問題でそれほど難しいものではないのですが、鉛筆をもつ手が動かなくなってしまい、学習に集中できていないことがわかります。全体の指導も進めなければならないのでどうしたらよいか困ってしまいます。

A つまずきの原因を探り、個別の手立てを工夫しよう。

「つまずき」といっても、その原因や様子は一人一人異なるはずです。生活リズムが安定しないために学習意欲が乏しい子ども、既習事項が定着していない子ども、言葉での指示を理解できない子どもなど、その子どものつまずきの状況をよく観察し、個に応じた手立てを考えましょう。

① 学習のどんな場面でつまずくことが多いか、よく観察する。
② つまずきの傾向がはっきりしてきたら、その背景にある原因を探る。
③ 個別に「つまずき対策」を練り、具体的な手立てを考える。

A 「できた」こと、「努力した」ことを認め、ほめ、励まして指導を進めよう。

つまずきがちな子どもは、次第に学習への劣等感を募らせていきます。「どうせやってもだめだから」という気持ちではなく、「やればできる」という気持ちを抱かせることが、つまずき克服への重要なポイントです。

① スモールステップで目標を設定し、「できた」喜びを味わわせる。
② 学習中も個別に目を向け声をかけ、「注目してくれている」という安心感をもたせる。
③ 家庭と連携して、認め励ます環境づくりをしながら、授業を補う学習を促す。
④ 得意なことをさらに伸ばす指導を進める。

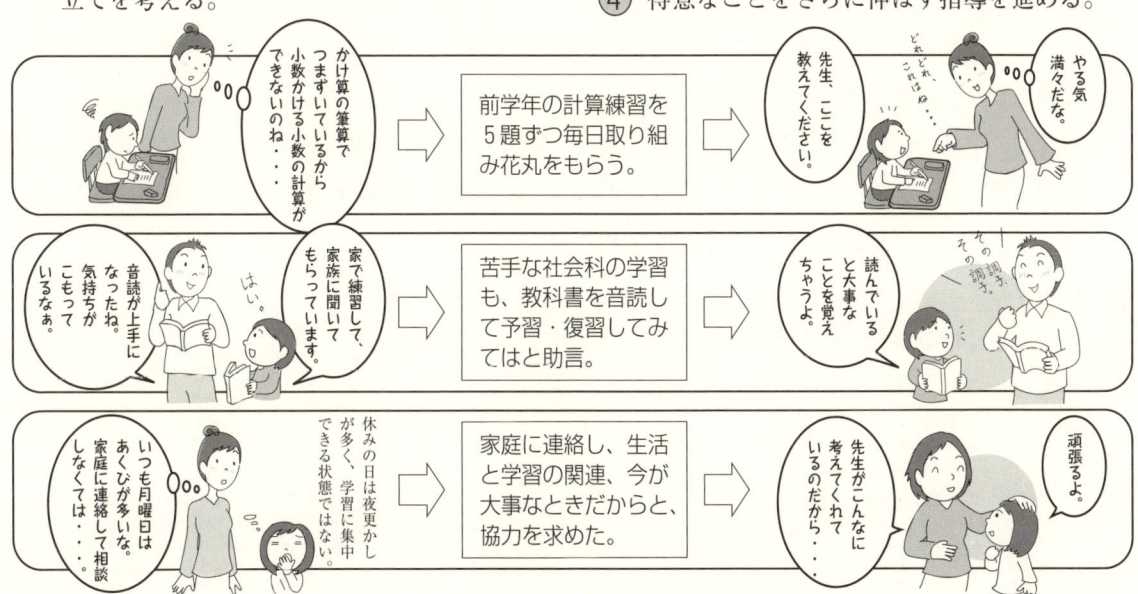

Ⅳ 「こんな子」への指導のポイント

Q11 生活面で自分のことができない子どもの指導をどうしたらよいですか。

自分の持ち物や道具を整理・整頓することができず、服装や身のまわりがだらしのない子どもがいます。体育着をぬぎっぱなしにしたり、学用品を使いっぱなしにして片づけないため、必要なときに見つからず、困ることがよくあります。せめて、生活面の自分のことは自分でできるようにさせたいのですが、どのように指導したらよいでしょうか。

A 根気強く指導を繰り返そう。

過保護または放任型で育てられた子どもの中には、基本的な生活習慣が身についていない子どもがいます。このようなタイプの子どもには、どこかで立ち止まって、じっくりと繰り返して指導し、一つ一つのことを確実に身につけさせていくことが必要です。

① 「あいさつ」を習慣づける。
・生活の基本となる「あいさつ」を身につけさせるため、教師が笑顔で声をかけることを続ける。

② 整理・整頓の習慣をつける。
・道具の片づけなど、教師が手本を示し、時間をかけてより添って指導する。

③ 身のまわりを清潔にさせる。
・着替え、手洗い、汗ふきなど、身のまわりを清潔に保つ指導をする。ハンカチ、ちり紙がないときは、テッシュペーパーやタオルを準備しておく。

④ できるようになったことをほめる。
・進歩したことはほめ、できないことは励ます姿勢で、じっくりと子どもとつき合うことが大切である。

A 保護者と緊密に連絡をとろう。

自分のことができない子どもは、もともと家庭での「しつけ」ができていない場合がほとんどです。改善のためには、保護者と綿密に連絡をとり、協力して指導することが必要です。

① 連絡帳・電話・家庭訪問などで子どもの現状を伝える。

② 個別に面談する機会を設け、改善のための方向を共通理解する。
・ここでは、家庭のしつけを非難するのではなく、同一歩調で努力していくことを確認する。

③ 学校での進歩や課題、家庭での進歩や課題を折に触れて情報交換し、同一歩調で指導を続ける。

なお、子どもの状況によっては、校長・教頭や特別支援教育コーディネーターなどを交えて、改善の手立てを相談することも考えられます。

Q12 食べ物で好き嫌いがある子どもの指導をどうしたらよいですか。

私のクラスには、食べ物に好き嫌いのある子がたくさんいて困っています。保護者の中には、「嫌いな物は無理に食べさせないでください。」「食べられるように指導してください。」など、さまざまな声があります。健康のために食べ物の好き嫌いをなくしたいのですが、どのように指導したらよいでしょうか。

A 無理せず地道に指導しよう。

学校で食べ物の好き嫌いを直接指導するのは、給食の時間です。この時間は、子どもにとって本来楽しいはずの時間です。無理せず、地道に改善できるよう、教師と子どもが心を通わすことが大切です。

① 残さず食べる意義を指導する。
・好き嫌いがあると健康を損なう原因になること、食料の大切さなどをわからせることが必要である。

② 少しずつ好き嫌いを解消させる。
・好き嫌いを一度に解消しようとせずに、食べられるものから少しずつ努力させるとよい。

③ 一人一人の進歩を大切にする。
・全体に強制したり競わせたりすると、必要以上に拒否反応が強くなったりいじめが発生したりする恐れがあるので、一人一人に即して進歩を認め、励ますようにする。

A 保護者に協力を求めよう。

食にかかわる時間は、学校よりも家庭の方が何倍も多くあります。それだけに、食べ物の好き嫌いは、家庭のしつけと切り離すことができません。保護者に対しては、次のような協力を求めるとよいでしょう。

① 子どもの実態を情報交換する。
・学校と家庭での、食生活や食習慣にについての様子を情報交換し合う。

② 好き嫌いを減らすための調理法や献立のつくり方などを伝える。
・栄養士や栄養教諭、家庭科教諭などに情報提供してもらうとよい。また、これらの先生方を交えて、保護者との懇談会を行う方法もある。

③ 進歩の様子を認め合う。
・進歩する面が見られたら家庭に連絡し、学校でも家庭でも認め、励ますようにすると効果が上がる。

Ⅳ 「こんな子」への指導のポイント

Q13 友だちとかかわれない子どもの指導をどうしたらよいですか。

最近、友だちとのかかわりが上手にできない子どもが増えているように思います。わたしのクラスにもそうした子どもが二人います。一人はおとなしく、自分からめったに口を開こうとしません。もう一人はわがままで、友だちと仲よく遊ぶことができません。それぞれどのように指導したらよいのでしょうか。

A かかわり不足を解消しよう。

おとなしいタイプの子は、自分に自信がもてず、また、まわりからもよさが認めてもらえないことがあります。このようなタイプの子どもには、教師がマン・ツー・マンでかかわり、心を開かせることが必要です。その結果、笑顔が出て、挨拶ができるようになったら成功です。

① 教師が声かけをする。
・「おはよう」「さようなら」の挨拶をはじめ、何かにつけて声をかけ、子どもの孤立感をなくすようにする。

② 友だちとのかかわりをつくる。
・休み時間など、教師がいっしょに遊んだり友だちとの遊びの場に連れ出したりして、かかわりができるようにする。

③ よさを見つけ、知らせる。
・見えにくいよさをしっかり見つけ、みんなの前でほめ、自信をもたせるとよい。

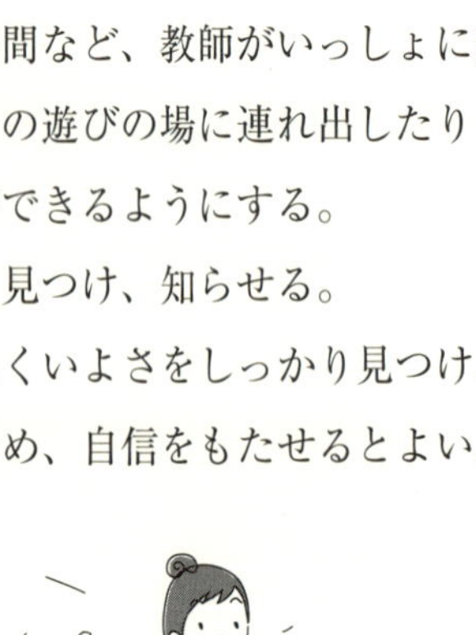

A かかわり方をきっちり指導しよう。

わがままで友だちができないタイプの子どもは、大人に甘やかされて育てられ、同年代の子どもとつき合った経験が不足している傾向があります。友だちがほしいのに、自分の思うようにいかないと我慢できなくなり、友だちに敬遠されてしまうのです。

① 教師が友だちの輪に誘う。
・自分から友だちの輪に入ることも、友だちに誘われることも少ないので、教師が仲介することが必要になる。

② わがままが出たらきっぱり制止する。
・遊びの中でわがままが出て、友だちに敬遠されそうになったら、教師がきっぱり制止する。なぜいけないかを告げ、厳しくしかることも必要である。

③ 友だちの評価を意識させる。
・我慢できるようになったら、友だちの評価を本人に伝えてほめてあげると効果が上がる。

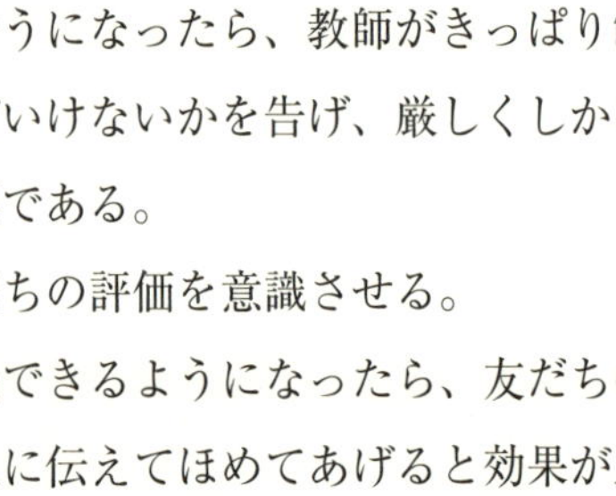

Q14 友だちとけんかする子どもの指導をどうしたらよいですか。

子ども世界では、けんかはつきものです。けんかをしながら、人とのつき合い方や人間関係の調整力を学ぶことができるのです。しかし、受けもったクラスの中に、ちょっとのことを我慢できなくて、すぐに手を出してけんかばかりしている子どもがいます。このような子どもに対しては、どのような指導が有効なのでしょうか。

A 毅然とした指導を重ねよう。

すぐに手を出しけんかをする子は、何らかの理由で年齢相応の社会性が育っていない場合が多いようです。保護者とも連絡を取り、個別に指導を重ねることが大切です。

① けんかはすぐにやめさせる。
・けんかが起こったときには、ケガなどにつながらないよう直ちにやめさせることが必要である。

② 言い分を聞く。
・本人の言い分を聞き、スキンシップなどで気もちを落ち着かせる。

③ 毅然として指導する。
・どんな理由があっても人に手を出してはいけないことを毅然と指導する。

④ 保護者に連絡する。
・事実を保護者に連絡し、家庭での指導もお願いする必要がある。納得しない保護者には、直接面談したり子どもの様子を参観してもらったりして、理解を促す。

⑤ 我慢できるようになったらほめる。
・ほめることで少しずつ我慢ができるようになる。

A みんなでいっしょに遊べるようにしよう。

本人への指導とともに、まわりの子へも指導し、仲間はずれにしないことやけんかになりそうなときの対処の仕方を考えさせ、学級全体が成長していくようにすることが大切です。

① いっしょに遊べるようにする。
・仲間はずれにしないように先生が声をかけ、いっしょに遊べるように指導することが大切である。

② 仲よくするルールを考えさせる。
・遊び方のルール、ものごとの順番など、けんかにならないようにするためのルールを考えさせ、みんなで守らせるようにするとよい。

③ お互いのよさを認め合う。
・どんな子にもよいところがあることを伝え、よさを発見し発表し合うなどすると、学級が仲よしになる。

Ⅳ 「こんな子」への指導のポイント

Q15 学級などの仕事を責任をもってやれない子どもの指導をどうしたらよいですか。

どの子どもにも、何らかの係や当番などの仕事があります。たいていの子どもたちは仕事を楽しみ、責任をもって仕事をしています。ところが、自分で係の仕事を引き受けたにもかかわらず、いつも無責任で、きちんと仕事ができない子どもがいます。この子どもにはどのように指導したらよいでしょうか。

A やり終えた満足感を味わわせよう。

責任をもって仕事のできない子は、これまでの成長の過程でも仕事を任された経験が乏しいようです。

このような子どもには、ていねいに手本を示すなどして仕事の意義や手順を理解させ、やり終えた満足感を味わわせたいものです。

① 仕事の意義を考えさせる。
　・自分が受けもった仕事が、みんなの役に立つこと、それぞれが役割を果たすことで、楽しい学校生活が送れることを具体的な事実で考えさせる必要がある。

② 手本を示し手順を教える。
　・無理のない仕事を選ばせ、実際に手本を示し、繰り返していっしょに行うことによって、手順を覚えさせるとよい。

③ 一人でやらせ、成果を確かめる。
　・手順を覚えたら一人でやらせ、できるようになったことをほめるようにする。このことによって、自信と満足感が生まれ、進歩が見られるようになる。

A 家庭での役割分担を果たさせよう。

学級の仕事ができない子は、家庭でも決められた仕事がなく、多くの場合、すべてが親任せになっています。学校での様子を保護者に伝え、家庭でも責任をもって仕事ができるように協力してもらう必要があります。

① 家での仕事を決める。
　・家でも、責任をもって行う仕事を決め、親が手出しをせずにやらせるようにする。

② 経過を情報交換する。
　・学校での仕事の様子、家庭での仕事の様子を連絡帳などで情報交換し、進歩の様子や課題などを共有するとよい。

③ 進歩をほめる。
　・家庭でも、進歩した点をほめ、自信や満足感、更なる責任感がもてるようにする。

Q16 いじめる子ども、からかう子どもの指導をどうしたらよいですか。

最近、いじめについての報道をよく目にします。自分の学級にも、時々いじめる子どもやからかう子どもがいます。そのつど注意はするのですが、大きな事件に発展しないか心配です。いじめたり、からかったりする子ども、それらを周囲で見ている子どもに対して、どのような指導をしたらよいのでしょうか。

A 毅然とした態度で指導しよう。

いじめは、人権侵害であり、人間として許すことのできない行為です。最近のいじめは、身体的な攻撃だけでなく、心理的に執拗に攻撃する傾向にあるとも言われています。

こうしたいじめをなくすのは、教師の子どもへの愛情と少しの変化を見逃さない、確かな目線です。

① 事実を把握する。
・いじめられている子どもや周囲の子どもから、いじめの事実を把握する。

② いじめた子どもの言い分を聞き取る。
・いきなり叱ることをせず、いじめた子どもの話を聞くようにする。

③ 事実に基づいて本人を指導する。
・本人に事実を確認し、「いかなる理由でもいじめは許されない」ことを指導する。

④ いじめられた子どもへの謝罪をさせる。
・責任の取り方をいっしょに考え、教師が立ち会って、謝罪をさせるとよい。

なお、再発を防ぐため、学級全体の人権意識を高める指導を心がけることが必要です。

A 周りの子どもにも、見て見ぬふりをさせないようにしよう。

いじめを助長するのは、見て見ぬふりをする周囲の子どもの存在が大きいと言われます。直接いじめにかかわらなくても、周りでからかったりはやし立てたりする子どもはもちろん、黙って見て見ぬふりをすることも、いじめを助長していることになります。

いじめをなくすには、こうしたことをはっきり伝え、改善策を考えさせるなどの指導が大切です。

① 周囲の者の責任を考えさせる。
・黙って見て見ぬ振りをすることが、いじめるを助長することになることを考えさせる。

② 助長する立場の者に反省を促す。
・結果としていじめに荷担したことを反省させ、今後の行動を考えさせる。

③ 今後の改善策を話し合わせる。
・相手の立場が考えられる人間関係づくりを指導するとよい。

Ⅳ 「こんな子」への指導のポイント

Q17 いじめられている子どもの指導をどうしたらよいですか。

小さないじめも放置しておくと、いじめられている子どもが不登校になったり、自殺をしたりすることがあると聞かされました。いじめられている子どもに対して、学級担任として、どのように指導したらよいのでしょうか。また、そうした子どもに、学校としてどのように対処したらよいのでしょうか。

A 共感的な態度で対応しよう。

いじめられている子どもは、物言わず救いの手を待っています。にもかかわらず、心の奥を簡単に見せてくれない場合もあります。教師は共感的な態度で子どもの悩みを受け止めるとともに、毅然として、子どもをいじめから守ることが必要です。

① いじめられている子どものサインを見逃さない。

　いじめられている子どもがおとなしい子どもの場合、いじめられていることを隠すことがある。持ち物がなくなったり友だち関係がギクシャクしてきたりするなどはいじめの兆候である。

② 事実を聴き取り親身に対応する。

　本人や周囲の子どもから事実を聴き取り、話してくれたことをほめ、親身に対応する。「弱虫だからいじめられる。」といった言い方では、いじめられる子どもを窮地に追い込むことになる。

③ 毅然として守り通す。

　どんないじめも許さないということを学級全体に指導し、いじめられている子どもを守る姿勢を見せることが大切である。

A 学校の組織をあげて対応しよう。

いじめの対応が適切に行われないと、保護者から学校に苦情が来たり、教育委員会へ訴えが行ったりして、話がこじれることがあります。学校の組織をあげて速やかに対応し、保護者にも理解してもらうことが必要です。

① 保護者の話を聞く。

　家庭での子ども様子や被害の事実などについて聴き取る。

② 校長・教頭に報告する。

　校長・教頭に事実を報告し、対応の仕方についての指導を受ける。この時、加害者に犯罪だと思われる行為があった場合には、双方の保護者に説明し、警察に通報することも考える。

③ 全教職員で子どもを守る。

　学校の組織全体で、いじめられている子どもを守る対応をする。

④ 事後の指導や改善の方向を示す。

　いじめが解消した後も、子どもが学校生活に適応できるよう、保護者との連絡相談を継続することが大切である。

Q18 忘れ物の多い子どもの指導をどうしたらよいですか。

クラスに忘れ物が多い子どもがいます。明日の準備を連絡帳に書かせ、書いたことをチェックして下校させるのですが、頻繁に宿題や持ち物を忘れてきます。持ち物を忘れると、学習に支障をきたすことを説明するのですが、効果がありません。どのように指導すると、忘れ物をしなくなるでしょうか。

A 改善できるまで個別に指導しよう。

このような子どもは、忘れ物についての意識が薄く、自分で持ち物を確認する習慣が身についていません。全体への指導だけでは効果が期待できませんから、改善できるまで個別に指導することが必要です。

① 毎日、宿題や持ち物を連絡帳に記録しているかどうかをチェックする。

　記録していない場合には、担任が見ているところで記録させる。

② 宿題を忘れた場合には、休み時間や放課後を利用し、担任がつき添って宿題をやらせる。

③ 持ち物を忘れたときには、友だちの物を使わせず、先生の物を貸す。

　同じことが続くときには貸すことをやめ、反省を促す。

④ 忘れ物がない日が続いたら、大いにほめ、一層の努力を促す。

【注意！】
＊忘れ物をしたことで、人格を傷つけることがないよう配慮する。

A 保護者に具体的な協力を求めよう。

忘れ物をなくすには、保護者の協力が欠かせません。次のようなことを家庭で実行してもらうように連絡するとよいでしょう。

① 持ち物の連絡帳をいっしょに見ることを習慣化する。

　見たことを確認するサインをお願いすると習慣化する。

② 宿題をやり終えたり、持ち物が準備できたときにも、連絡帳にサインしてもらう。

　保護者の協力に対して、担任からお礼のひと言を返すと効果がある。

③ 完全に改善・定着するまで、粘り強い協力をお願いする。

　子どもに進歩の様子が見られるようになったら、保護者に対してもお礼や激励の言葉を送ると効果が上がる。

Ⅳ 「こんな子」への指導のポイント

Q19 教師に近づけない子どもの指導をどうしたらよいですか。

学級の子どもたちを見ていると、休み時間などに積極的に話しかけてくる子どもがいる一方で、なかなか親しくよってきたり、話しかけたりできない子どもがいます。しかし教師に関心があるようで、遠巻きして見つめていることがあります。こうした子どもたちに日頃からどのように指導したらよいのでしょうか。

A 子どもへの接し方、言葉のかけ方を工夫しよう。

子どものほうから教師に近づけない子どもには、教師のほうから積極的に近づき、言葉をかけたりともに活動を促したりします。具体的には、次のようなことを試みてはどうでしょうか。

① その子どもの好きな遊びを知り、その子を含めた複数の子どもたちといっしょに遊ぶ機会をつくる。

② その子どもが今どのようなことに興味や関心をもっているのかを知り、教師のほうから話しかけて話題にする。

③ 授業中に、その子どもを指名したり活動を促したりして、教師がその子のよさを積極的に評価し、自尊感情を高め、自信をもたせるようにする。このことが教師に対する信頼関係を構築することにつながる。

教師に近づけない子どもの中には、教師に対して警戒心をもっていることが少なくありません。子どもとの間のバリア（障壁）を取り除くためには、教師がその子どもの目線に立って親しくかかわることが大切です。その意味では、教師自身の子どもに対する真摯な姿勢が問われているとも言えます。

A 授業中や学級の中で出番をつくり、自信をつけさせよう。

教師に近づけない子どもの中には、自分に自信がもてないでいる場合が少なくありません。こうした子どもには、まず自信を取り戻すために次のような工夫をします。

① 授業中に、その子どもの取得や得意分野が生かせる場面をつくる。活躍できる場所があると、自尊感情が高まる。

② 学級内でその子どもができる係を与え、教師といっしょに活動する機会をつくる。学級の中で自分は友だちの役に立っているという自己有用感をもたせるようにする。

③ 休み時間など子どもがリラックスしている時間に、教師のほうから言葉をかける。

自信のもてない子どもは、周囲の友だちや教師からほめられることによって、周囲の人たちとの信頼関係を深めます。教師に近づけない子どもがいる場合には、教師のほうから近づくようにすることが大切です。

心の奥を読み取ろう。

Q20 教師の言うことを聞かない子どもの指導をどうしたらよいですか。

教師の言うことならば何でも素直に聞く子どもがいる一方で、聞かない子どもがいます。「聞かない」とは、教師の話をきちんと聞かない、教師が言ったことをなかなか実行しないなどいろいろな意味があると思いますが、こうした子どもをどのように指導したらよいのでしょうか。

A 子どもの行動を観察して、原因がどこにあるのかを見きわめよう。

　教師の言うことを聞かない子どもは、どの学級でもいるでしょう。しかし、「言うことを聞かない」とは、教師の一方的な受けとめです。どうして聞かないのか、原因を探ることによって、その子どもに対する指導の糸口が見えてきます。原因には次のようなことが考えられます。

① 教師が言っている意味や意図、言葉などが難解であるために十分理解できない。

② 教師が言っていることを他人事としてとらえ、自分のこととして受けとめていない。

③ 教師から言われたことが高度であったり自信がもてなかったりして、自分から進んで取り組むことができない。結果として、言うことを聞かないと受けとめられる。

④ 教師に対して不信感がある。子どもが教師に不信感を抱いている場合には、教師の話を受け入れようとしない。まず聞く耳をもつように、信頼を回復することが大切。

　言うことを聞かない子どもがいる場合、その原因が子どもの側にあると決めつけることは危険です。教師のほうにある場合もあり、原因をきちんと見きわめて対処しましょう。

A 教師が言い方や接し方を工夫すると、子どもは変わってきます。

　教師が指導するとは、教師の言い分が子どもに正確に伝わり、子どもがそのように理解したり行動したりすることができるようにすることです。そのためには、次のようなことを心がけます。

① 相手にする全ての子どもが理解できるように、わかりやすい内容と方法で話す。

② 教師が伝えたい内容がきちんと伝わったかどうか、子どもたちに聞いて確かめる。

③ 子どもの言い分も聞き、道理のある願いをできるだけ聞き入れるようにする。

　教師は時には、毅然と指導することが大切です。何でも子どもの言いなりになることが「子どもを大切にする」ことではありません。「ならぬことはならぬ」（什（じゅう）の掟／会津藩の日新館）と、子どもを厳しくしつけた先人の話はよく知られています。教師は子どものよき理解者であると同時に、優れた先導者でありたいものです。

IV 「こんな子」への指導のポイント

Q21 学習意欲のない子どもの指導をどうしたらよいですか。

進んで学習に取り組む子どもを育てることを学級の目標に掲げています。ところが、授業の準備ができなかったり、進んで発表したりすることがなかなかできません。言われたことはできるようになってきたのですが、学習意欲が低いのが現実です。学習に対して意欲ややる気をもたせるにはどのように指導すればよいのでしょうか。

A 子どもは本来学びたい、できるようになりたいという願いをもっています。

学習意欲とは子どもの内面に形成されるものです。また子どもは本来、わからないことにはわかるようになりたい、できないことにはできるようになりたいという、基本的な欲求をもっているものです。こうした内面に秘められた意識をどのように引き出すかというところに、教師の役割があります。

① 教師から課題（宿題など）を与える。これは子どもの外側からの刺激です。これを繰り返しクリアさせることによって、家庭での学習習慣が身についていく。

② 子どものもっている興味・関心を重視する。教師の指導のもとに、子どもが取り組みたいことをまず重視する。教師はその活動を意味づけ、よりレベルの高いものに導いていく。

③ 子どもが取り組んだことを認め、ほめてやる。「やればできるんだね。」と自信をつけ、「次はこのことにチャレンジしよう。」と次の目標を考えさせ、やる気をもたせるようにする。

学習意欲は、教えて身につけさせることではなく、引き出すこと、育てることです。

A 学習意欲を育てるために、問題解決的な学習を展開しよう。

学習意欲を育てるポイントは、授業を問題解決的な学習を用いて展開することです。その中でも、特に、問題解決への意欲と見通しをもたせるために、次のような問題づくりの場面が重要です。

① 疑問や課題を意識させる。これから何について学習していくのか「学習のめあて」をしっかりもたせる。そのためには、子どもが既にもっている知識や見方では解釈できない場面に出会わせると、「おかしいな。どうしてかな。」と、「はてな？」を意識する。これが学習意欲をもちはじめている状態である。

② 疑問や課題をどのように学習していくか「学習計画」を立てる。このことによって疑問や課題などの「はてな？」をぜひ解決したいという切実性と見通しをもつようになる。

子どもに学習意欲を育てることは、教師に求められている重要な授業力の一つです。具体的には、資料の提示方法、発問や指示の構成、学習活動の組み立て方、子どもの発言の取り上げ方などを工夫します。

Q22 自由勝手に意見を述べる子どもの指導をどうしたらよいですか。

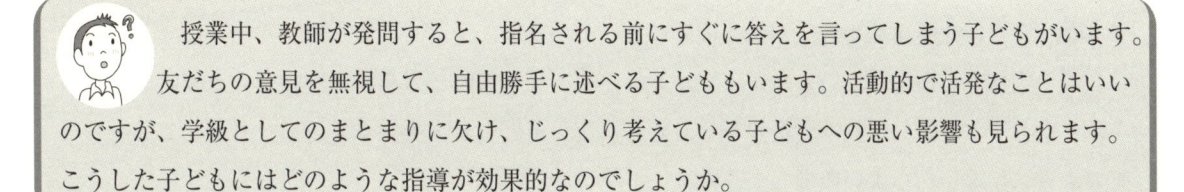

授業中、教師が発問すると、指名される前にすぐに答えを言ってしまう子どもがいます。友だちの意見を無視して、自由勝手に述べる子どももいます。活動的で活発なことはいいのですが、学級としてのまとまりに欠け、じっくり考えている子どもへの悪い影響も見られます。こうした子どもにはどのような指導が効果的なのでしょうか。

A 話し合いのルールをつくり、子どもに繰り返し教えよう。

自分の考えを自由勝手に述べる子どもに対し、頭ごなしに叱ったり、否定したりすると、学習意欲をなくし、疎外感を抱くことがあります。授業に対する参加意欲を喪失することにつながることもあります。話し合うときや発言するときの「学習ルール」をつくり、教室に掲示するなどして、学習習慣として確立させましょう。「学習ルール」には次のような内容が考えられます。

① 前の人の発言が終わってから発言する。
② 意見を言うときには、指名されてから発言する。
③ 発言するときには、その場に応じた声の大きさを工夫する。
④ 前の人の発言とつなげて、「つけたしです」「反対です」「質問です」などを使って発言する。
⑤ 聞いている人のほうを向いて、わかるように発言する。

自由勝手に意見を言う子どもには、じっくり考えている子どもや挙手をして発言をしようとしている子どもの邪魔になることを、ていねいに説明するとよいでしょう。

A 自由勝手に意見を述べることは悪いことでしょうか。

自由勝手に意見を述べられると、教師にとって都合が悪いかもしれません。また先に説明したように、他の子どもたちの迷惑になることもあります。しかし、このことは本当に悪いことでしょうか。

① その子どもの性格がそのようにさせている場合が少なくない。その子どものよさ（個性）としてとらえ、「ダメ！」と頭ごなしに抑えて意欲を喪失させることはよくない。
② 子どもたちにじっくり考えさせてから発言させたいときには、まずノートに自分の考えを書くように指導する。このことによって、自由勝手に発言することも少なくなる。教師の指導によって、必ず改善していく。

Ⅳ 「こんな子」への指導のポイント

Q23 学級のルールを守らない子どもの指導をどうしたらよいですか。

今、社会規範の喪失が社会問題になっています。子どもの頃から、ルールを守ることの大切さを指導していますが、チャイムが鳴っても教室に入らなかったり、下校時間を守らなかったりするなど、学校や学級のルールが守れない子どもが大勢います。こうした子どもたちをどのように指導したらよいのでしょうか。

A 「なぜルール（きまり）があるのか」を考えさせよう。

どのような社会にもルールがあります。それらをみんなが守ることによって、社会の秩序が維持され、安全で楽しい、有意義な生活を送ることができます。学級などのルールを守らない子どもの中に、次のような子どもはいませんか。
○ ルールの意味がわかっていない。
○ ルールが自分のものになっていない。
○ どのようなルールがあるかを理解していない。

学校や学級のルールは、その多くを教師から示されます。子どもの中には、それらがどうして大切なルールなのかを理解していない場合が少なくありません。次のような指導をすると、子どもはルールを自分ごととしてとらえ、守ろうとします。

① どうしてそのルールを守る必要があるのかを話し合い、理解させる。
② 自分たちで、学級をよりよくするためのルールをつくる経験をさせる。
③ ルールが守られているかを点検し、守られていない場合にはその原因を話し合う。

学級のルールを守らない子どもに、罰則を与えることは教育的ではありません。

A 道徳の時間に「ルール」のことを取り上げよう。

道徳の時間には、「約束や社会のきまりを守り、公徳心をもつ」ことについて学習することが学習指導要領に示されています。ここでは、自分たちで決めた約束ごとや決めたことを大切にするだけでなく、一般的な約束や社会のきまり（ルールやマナーなど）についても理解させ、それらを守るように指導することが大切です。授業では、このことを「教材」を通して話し合い、学びとらせます。

道徳の時間には、「読み物教材」などを活用して、ルールの意味を理解させ、それを守ることの大切さに気づかせるところにポイントがあります。学級の中でルールを守らない子どもを取り上げて、指摘し合うことにねらいがあるのではありません。「読み物教材」との対話を通して、自らの行動をふり返り、内省を求めるものです。

ルールがあるから楽しく、安全な生活ができるんだね！

Q24 授業中に立ち歩く子どもの指導をどうしたらよいですか。

授業中に、急に立ち上がって教室中をふらふら歩き回る子どもがいます。また机の上を立ち歩いたり、教室から出ていってしまう子どももいます。それらの子どもに気が取られていると、ほかの子どもへの指導ができません。授業中に立ち歩く子どもには、どのように対処し指導したらよいのでしょうか。

A なぜ立ち歩くのか、原因を突きとめよう。

最近、授業中に落ち着きがなく、教室や廊下を立ち歩く子どもが多いと聞きます。どうしてそのような行動をとるのか、じっくり観察したり、保護者の意見を聞いたりしながら原因を考えましょう。原因には、次のようなことがあげられます。

① 教師の進めている授業に興味・関心がなく、我慢することができない。
② AD（学習障害）やADHD（注意欠陥・多動性障害）など、何らかの障害をもっている。その場合には、特別な支援が必要になる。
③ 衝動的に行動するなど、情緒が不安定になりがちである。特定のこと（もの）に関心をもっていることがある。
④ 基本的な生活習慣が十分身についていない。きちんとしつけられていない。
⑤ それまでの教育で、勝手に行動することが許されてきた。

子どもの行動は多様です。一律にとらえ、原因を決めつけてはいけません。一人一人の子どもに即して、時には、専門家に助言を求めたり、複数の教師で長期にわたって観察したりすることが大切です。

A 子どもが教室から飛び出した場合には、応援を求めよう。

教室から飛び出して行ったときには、要注意です。次のような対応をすぐにとります。

① 学級の子どもに作業などの指示をして、後を追いかける。その際、学年か隣接する学級の先生に連絡する。
② 校内電話などで職員室に連絡し、校舎内から、あるいは校地から外に出ないようにする。
③ 今後、どのように対処するかを校内で検討し、共通認識を図る。

日常的には、座席を教師の近くにする。親しい友だちと並ばせるなど、教室内の位置を工夫することもできます。また興味を引く活動や教材を工夫することも大切です。場合によっては、介助者をつけることも考えられます。対処の方法は一人一人によって違ってくるのが現実でしょう。個人で抱え込まず、校内で話題にすることが大切です。

・決めつけ
・思い込み
・偏見
ダメ！

Ⅳ 「こんな子」への指導のポイント

Q25 小食や食べるのが遅い子どもの指導をどうしたらよいですか。

給食を食べる時間も、子どもを指導する大切な時間だと思っています。とてもたくさん食べる子ども、食べるのが速い子どもがいる一方で、食べる量が少なかったり、食べるのが遅い子どもがいます。特に小食や食べるのが遅い子どもには、どのようなことに注意して指導したらよいのでしょうか。

A 食べ方にも子どもの「個性がある」と受けとめて指導しよう。

食べ物に好き嫌いがある。食べる量に違いがある。食べる時間に速い、遅いがある。これらは全て子ども一人一人の個性です。このことを無視して、どの子どもにも同じようなことを求めると、拒否反応を起こしたりして事態がさらに悪くなる場合があります。

子どもを次のような観点から観察し、一人一人の子どもに合った指導を心がけましょう。

① 嫌いなものを無理に食べさせも、決して好きにはならない。
② 給食時間が終わったあとも、いつまでも食べさせることは望ましくない。
③ 登校時などの健康観察を通して、その日の体調を把握する。体調に合わせて量を加減するなど盛りつけ方を工夫する。
④ 子どもの好き嫌いを把握し、改善への関心と意欲をもたせるようにする。
⑤ 保護者の協力を得て、家庭といっしょに同一方針の下に指導する。

小食なのはその子どもの食べ方です。食べる時間も、時間をかけて少しずつ速くしていきます。給食は楽しい時間であることがまず大切です。

A 食べ物の好き嫌いは、指導の工夫によって解決することができます。

好き嫌いなく、何でも食べることは、たくましい体や健康な体をつくるために必要なことです。給食の時間などを活用して、好き嫌いのない子どもを育てるには、次のような工夫が考えられます。

① 体育（保健領域）、学級活動、家庭科などの時間に、バランスのある栄養（素）を摂ることの大切さを指導する。
② 子ども自身に「食べ物の好き嫌い調査」をさせ、少しずつ改善しようとする意欲と関心をもたせる。
③ 給食の時間に嫌いなものを少しでも食べたときには、最大のほめ言葉を与える。
④ 自分の課題は、目標をもって努力することによって少しずつ解決することを実感させる。努力の結果に対する成就感を味わわせる。

性急に結果を求めず、焦らずに、じっくり時間をかけて取り組むことがポイントです。

Q26 整理・整頓の苦手な子どもの指導をどうしたらよいですか。

机の中やロッカーを見ると、自分の物がごちゃごちゃになっていて、きちんと整理・整頓されていない子どもがいます。そのために、必要な物が、必要なときにすぐ用意することができません。その子どもの性格的な面もあると思いますが、少しずつでも整理・整頓ができるようにするためには、どのように指導すればよいのでしょうか。

A 整理箱を使い、学用品のしまう場所を決めさせよう。

学校生活の中で、子どもが学用品をしまう個人的な場所は、机の中、ロッカー、それにランドセルや手提げ袋などでしょう。整理・整頓ができるようにするためには、次のようなことを繰り返し指導し、その効果を確かめます。

① 学用品などを種類ごとにすることを指導する。教科書類、学用品、ノート類、その他などに仲間分け（分類）する。
② しまう場所を決めておく。例えば、教科書は机の中の右側、ノートは左側、体育着は袋に入れてロッカーの中など。
③ 種類ごとに、整理箱や袋の中にしまわせる。机の中に二種類の整理箱を入れ、その中に決められた物を入れさせる。
④ テストやプリント類も、種類ごとにファイルさせたり綴じさせたりする。

整理・整頓のポイントは、種類ごとに分類させ、次に使うときのことを考えて、それぞれの保管場所を固定させることです。

教師の整理・整頓の能力も問われます。机の上や戸棚の中も整理しておきましょう。子どもは教師の行動を見て、学ぶものです。

A 整理・整頓されていると、物事が素早くできることを実感させよう。

子どもの中には、学用品などをなぜ整理・整頓させておかなければならないのか、その必要性を理解していない場合が少なくありません。そうした子どもには次のような指導をしましょう。

① 整理・整頓されていると、必要とするときに、すぐに用意することができること。
② 用意する時間が短いと、次のことに早く取り組むことができ、周囲の友だちにも迷惑をかけないで済むこと。
③ 整理・整頓することは、心を落ち着かせたり、美意識を育てたりすることにつながること。整理・整頓されていると、どことなく気分も清々しくなる。

イメージがもてるように、上手な整理・整頓をモデルとして紹介する方法もあります。

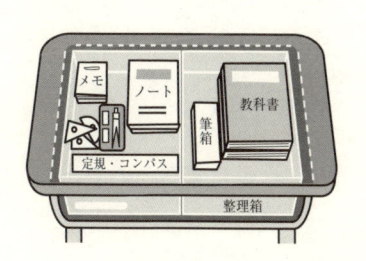

先輩教師の"ちょっとひと言"
"よさ"を見つける

　「子どものよさを見つけましょう。」はよく耳にする言葉です。簡単なことのように思いますが、これが結構難しいのです。正直のところ、よさが見つけやすい子と見つけにくい子がいます。わたしの経験では、よく発表する子、活動的で活発な子、自分から先生に近づいてくる子などはかかわりが多くなり、よさも見えやすくなります。反対に、あまり発言をしない子、消極的で物静かな子、先生に近づこうとしない子などは、よさを見つけるのに苦労します。

　よく、「子どもについて気がついたことをノートにメモをしておくと、子ども理解の手助けになる。」というようなことが言われます。しかし、よさが見つけにくいタイプの子どもの場合には、メモをしようにも材料がなかなか見つかりません。

　受けもってから2ヶ月になるのに、ほとんど自分から話しかける場面を見たことがなかったＡ男がいました。Ａ男はおとなしいためか、放課後に野球に誘われても参加しないため、ときどきいじめを受けているという話も耳にしていました。

　その頃、ちょうど家庭訪問がありました。訪問時間はお父さんが仕事から帰ってくる夕刻です。その時間に家庭に伺い、驚かされたことがありました。何と、小学校5年生のＡ男が、一人で夕ご飯の支度をしているのです。わたしはそのことに感心し、Ａ男と会話をしながらお父さんの帰りを待ちました。

　やがて勤めから帰ってきたお父さんに、Ａ男の2ヶ月間の学校での様子をお話し、お父さんからは、家庭でのＡ男の様子や将来の願いなどを伺いました。ここでの話から、わたしは次の事実を知りました。
・Ａ男は、夕ご飯の支度を、3年生から自分の仕事として行っていること。
・Ａ男が野球に参加しないのは、夕ご飯の支度や弟の世話があり、途中で仲間を抜けると迷惑になると考えているため。
・Ａ男は本当はスポーツが好きで、お父さんと夜間の卓球教室に通っていること。

　わたしは、この家庭訪問で、Ａ男のやさしさと苦労を、しっかり受け止めることができました。ノートには極太のメモが残りました。そして、翌日、Ａ男をいじめていた野球グループの子どもたちにこのことを伝えました。これでいじめはなくなり、Ａ男は夕ご飯の準備が始まるまで野球にも参加するようになったのです。

　どんな子どもにも、その子ならではのよさがあります。見つけにくい子のよさが見つかるかどうかは、教師の人間性によるように思えてなりません。

学級事務の内容と進め方

Ⅴ 学級事務の内容と進め方

Q1 担任が行う学級事務には、どのようなものがありますか。

> 正直なところ、4月に作成する書類がこんなにあるとは思いませんでした。授業の準備と並行して書類の作成をしていますが、どの時期にどんな文書や書類を作成しなければならないか見通しが立っていれば、計画的に取り組めそうです。大学では書類作成やその管理の仕方などについてもほとんど勉強してきていませんでした。

A 年間の見通しをもって、計画的に作業に取り組もう。

まずは、担任として作成し、管理しなければならない書類にはどのようなものがあるのかを知りましょう。

① 4月は書類作成集中月間。春休み中にできることは済ませてしまう。
② 週ごと、月ごとに作成する書類は、作成時期を定期的に決めておく。
③ 見通しをもって作成し、提出の期限を厳守する。

A 学級事務が得意そうな先輩に教えてもらおう。

はじめはわからないことだらけです。事務の基本的なことは教えてもらわなければ身につきません。自らたずねて教えてもらいましょう。

① 初任者の場合はまず指導担当の先生に、また、学校には必ず学級事務の「達人」がいるので、謙虚に教えを請う。
② モデルとなる書類を見せてもらい、完成をイメージして作成に取り組む。
③ 事務の基本を教わり、コツをつかむ。

作成時期	作成する書類	
	子どもにかかわるもの	教員自身にかかわるもの
4月中	☐ 指導要録　学籍に関する記録欄 　　　　　　指導に関する記録欄（1年生は全員分） ☐ 諸名簿　☐ 健康診断にかかわる児童名簿 　　　　　☐ 教科用図書給与児童名簿 　　　　　☐ 出席簿（4月分）　☐ 児童名簿 ☐ 児童調査票　　　☐ 児童健康カード ☐ 緊急連絡網　　　☐ 緊急引き取りカード ☐ 座席表　　　　　☐ 時間割表 ☐ 学年だより・学級だより（4月分）	☐ 学級経営案 ☐ 自己申告書* ☐ キャリアプラン* ☐ 通勤届け ☐ 職員カード ☐ 年間授業計画 ☐ 週案簿（4月分） （*学校や地域によって異なります。）
年間	☐ 学年だより（毎月）・学級だより ☐ 通知票（学期末）　☐ 指導要録（学年末）	☐ 週案簿（毎週） ☐ 自己申告（中間・最終）

A 「公文書」としての役割をふまえて作成・管理しよう。

指導要録や出席簿などは「公文書」と呼ばれています。「公文書」とは、「公務員が業務上作成する文書」で、作成した教員と学校が公的に責任をもつ大変重要な書類ということになります。

① 各文書・書類には保存年限が定められている。つまり、その間ずっと学校に保存されているものである。

② 指導要録や出席簿には、子どもの在籍や出席の状況、教育活動や指導の経過などを証明する役割がある。

③ それらは、保護者や市民などから「開示請求」があれば公開しなければならない。

■文書・書類の保存年限の例

文書・書類	保存年限
指導要録　学籍の記録	20年
指導要録　指導の記録	5年
指導要録の抄本	3年
出席簿	5年
年間指導計画	1年
週案簿	1年
健康診断票	5年

公文書は鍵のかかる場所に保管する。

保存年限が過ぎたら処分する。

A 文書・書類の作成・管理の達人になろう。

パソコンの普及に伴って、デジタルで文書を作成しフラッシュメモリーなどのメディアに保存しておけば、編集し直して何度でも活用することができるようになりました。（文書には、デジタルで作成・保存可能なものとそうでないものがあります。）

① パソコンで作成した文書は上手にファイル管理しておく。

② 名簿や週案簿作成を助ける「学級事務ソフト」を活用するとより効率が上がる。

③ パソコンの記録保存には十分注意しよう。メディアの校外への持ち出しは厳禁。

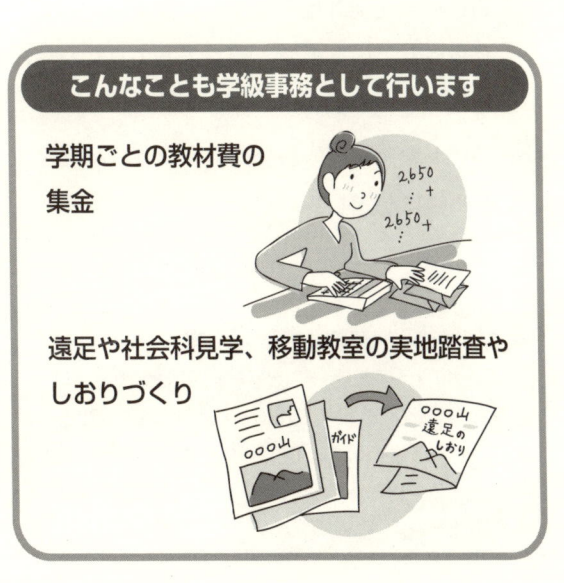

あっ大変だ！　カバンの中に成績を記録したメモリーが入っているのに…

こんなことも学級事務として行います

学期ごとの教材費の集金

遠足や社会科見学、移動教室の実地踏査やしおりづくり

V 学級事務の内容と進め方

Q2 通知表を作成するとき、注意することはどのようなことですか。

通知表を見ると、教科ごとの評価の他に、生活や行動の評価を記述する欄もあり、40人近い子ども一人一人にしっかりと書くことができるか不安です。子どもや保護者から、「先生はどんなふうに評価するか」と注目されているので、日々の評価をしっかり積み重ねていかなければならないと思います。具体的にどのようなことに取り組んでいけばよいのでしょうか。

A 教科の観点別学習状況の評価は、多面的な資料収集が大切です。

評価は、意図的・計画的に行うことが大切です。日頃から指導の記録や資料を整理し、教科の各観点から評価できるようにしましょう。

① 通知表の教科の評価欄を見て、各教科ではどのような観点で評価することになっているか確認する。

> なるほど、国語は、関心・意欲・態度、話す・聞く、書く、読む、言語事項の5つの観点で評価するのか・・・。授業でも意識して指導しないと。

② 市販の単元別評価テストも、観点別に問題が作成されているので、観点ごとの点数を累計すると一定の傾向が把握できる。

③ ノートや発言、作品や提出物などの状況を教務手帳に記録しておく。

観点別学習状況評価（観点別評価）

「あゆみ」「通知票」にある観点別学習状況とは、各教科で学習した観点（「関心・意欲・態度」「思考・判断」「技能・表現」「知識・理解」が基本であるが、教科によって多少異なる）をもとに子どもの学習状況を評価することを言う。

A 記述欄には、子どもの進歩の状況や可能性など、肯定的な評価を示そう。

できるようになったこと、こんな期待ができるというようなことを具体的に示し、子どもが「頑張ってみたい」と思えるような評価を伝えましょう。

① 子ども一人一人のよさや可能性を見つけることに努め、見つけたら必ず記録する。

1	秋山 愛	5/9	下級生に優しい声を・・
2	芦沢 健	5/8	係の仕事を最後まで・・
3	飯山香織	5/7	友だちが困っていたときに・・
4	飯田邦彦	5/9	分数の学習で・・・

② 一般的・抽象的な記述ではなく、どんな場面で、どんなことができたかを具体的に書く。

③ 下書きは学年主任やモデルとなる先輩に指導を受けて、よりよいものにする。

Q3 指導要録の役割は何ですか。どのように記述するのですか。

4月に指導要録の「索引名簿」や「学籍に関する記録」欄などへの記載を行いました。「指導に関する記録」のページを見ると、教科ごとの細かい表や記述欄などに前学年までの記録が書かれているようですが、指導要録をどのように活用すればよいのでしょうか。また、いずれ学年末には今年度の記録を記入しなければなりません。心構えとして必要なことは何ですか。

A 前年度までの記述内容を、指導の参考にしよう。

指導要録は、1年間の学習指導の過程や成果などを要約して記録するものです。前学年までの記録を見れば、学校での生活や学習の様子、その子の特徴などがわかります。

① 前学年までの記録を読んで、子どもの生活や学習の傾向をつかみ、指導の参考にする。
② ただし、固定的な見方ではなく、そこから子どもを伸ばす手立てを探る。
③ 子どもの指導で行き詰ったとき、前学年で指導要録を記述した先輩に相談する。

A 「公簿」として重要な書類なので、責任をもって確かな記録を残そう。

指導要録の「学籍に関する記録」は20年間、「指導に関する記録」は5年間、その子どもが卒業してからも学校に保存される重要書類です。責任をもって確かな記録を残しましょう。

① 指導要録の記録を確かなものにするために、日々の評価をていねいに積み重ねる。
② 各項目はつまり指導の項目そのもの。評価を考えて指導にあたる。
③ 記載にあたっては先輩の先生に指導を受け、ていねいに作成する。

学期末の評価と通知表への記載

「前学期より成長したところは…」

年度当初の指導要録作成作業
○ 記入は、黒か青のインクを用いる。
○ 学年当初に記入するところ
 ・学籍に関する記録
  「学級」「整理番号」「年度」「校長名・印」「担任指名・印」を記入。
 ・指導に関する記録
  「学級」「整理番号」

「次の学年の担任に参考にしてもらえるように…」

V 学級事務の内容と進め方

Q4 学級経営案の役割は何ですか。どのようなことを書くのですか。

5月のゴールデンウィーク明けに、学級経営案を出すことになっています。担任している学級をどのようにしていくかを示した大事なものらしいということはわかっていますが、具体的なことはわかりません。本校では、教員全員の学級経営案を学校のホームページに掲載します。保護者はもちろん、地域の方など多くの人に見られることも心配です。

A 学級経営案は、学級担任としての「公約」。まず項目の趣旨を知ろう。

学校によって形式は異なりますが、次のような項目で構成されているものが一般的です。

平成○年度　○年○組　学級経営案
　　　　　　学級担任　○○○○
　　　　　　児童数　男子○人、女子○人

1　教育目標
　（1）学校教育目標
　（2）学年目標
　（3）学級目標
2　学級の実態
3　学級経営方針
4　学級経営上の本年度の重点・努力点
　（1）教科指導
　（2）道徳・特別活動・総合的な学習の時間
　（3）健康、安全の指導
　（4）生徒（生活）指導
5　学校の重点目標達成のための取組（例）
　（1）学力の向上
　（2）規律ある生活態度
　（3）体力の向上

「学校教育目標」と「学年目標」、「学級目標」は各項目を関連づける。

〔学校教育目標〕　〔学年目標〕　〔学級目標〕

よく考える子	進んで学習し、学力を高めよう	積極的に考えを表現し、高め合う学級
思いやりのある子	互いのよさを認め、高め合おう	相手の気持ちを考えて行動する学級
たくましい子	進んで体を鍛え、体力を高めよう	チャレンジし、粘り強く取り組む学級

学級目標の観点に沿って書く。

2　学級の実態
　（1）学習の実態（学習での高め合い）
　（2）生活・行動の実態（認め合い）
　（3）体力・健康の状態（運動への取組）

学級目標を実現するために、学級を運営にするにあたって特に重点を置いて取り組む方針を3～5つ程度示す。

3　学級経営の方針
　○個性を認め合い、一人一人が安心して自分を表現できる雰囲気を醸成する。
　○主体的に取り組む授業展開を工夫し、基礎・基本の定着を図る。
　○学級は「自分たちが創る」という意識を高め、一人一人の学級への所属意識を高める。
　○時と場をふまえて行動できる・・・・

A 学級の実態をていねいに分析し、簡潔に表現しよう。

学級経営の目標や計画は、学級の実態に即して立てることが大切です。子ども一人一人の様子、学級集団としての様子をよく観察し、学級目標の観点に照らして整理しましょう。

① 左ページの例のように、学級目標の3つの観点から学級の傾向を書き出す。
② さらに伸ばしたい点と課題としたい点を整理して簡潔にまとめる。

■「学級の実態」の記入例（6年生）

（1）学習の実態（学習での高め合い）
・基礎的・基本的な内容の定着の様子は二極化傾向にある。
・発言が活発な子どもが多い一方で、自分の考えを整理し、表現することが苦手な子どもがいる。
・調べ学習など、主体的な学習への意識が高い。
・家庭学習の取り組み方に差がある。

（2）生活・行動の実態（認め合い）
・友だちや下級生のことを思いやり、励まし、いたわる行動ができる子どもが多い。
・6年生としての自覚をもち、学校のリーダーとして活躍しようとする学級の雰囲気がある。
・楽しく盛り上がる面と、静かに集中する面のけじめがついていない子どもがいる。
・時間や提出物などについて厳しさが必要である。

（3）体力・健康の状態（運動への取組）
・運動への関心が高く、活動的な子どもが多い。
・朝食欠食、給食を残す子どもはほとんどいない。
・走・跳の力をまだまだ伸ばせる子どもがいる。

A 学級経営で特に力を入れている取組を、次の視点から具体的に書こう。

校長の「学校経営方針」や「教育課程の届出」にも、次の視点で学校としての指導の重点が整理されています。これらを参考にしながら、学級の実態に即して整理しましょう。

■「学級経営上の本年度の重点・努力点」の記入例

① 教科指導
・各教科の「基礎・基本」の定着を徹底する指導を行う。（到達率85％）
・学習への興味・関心を高め、主体的に学ぶ教材や活動、学習過程を工夫した授業を行う。
・「読む」「聞く」「書く」「話す」の基本的な学習態度を向上させる。

② 道徳・特別活動・総合的な学習の時間
・教科の学習との関連を図り、体験的な活動を通して子ども自らの実感を重視した指導を行う。
・学級での生活や学校生活を向上させる実践力を高める指導を工夫する。
・自ら課題を見つけて追究する活動を工夫する。

③ 健康・安全の指導
・積極的に運動して体力を向上させる機会を設け、また、健康診断などの疾病治療率100％を目指す。
・危険回避能力の向上をさせる活動を工夫する。

④ 生徒（生活）指導
・家庭との連携（便り、電話、訪問）を密にし、子ども一人一人の理解を深めるとともに、子ども・保護者・担任の一体感を高める。
・子どものつまずき早期発見・早期対応に努める。

Ⅴ 学級事務の内容と進め方

Q5 週案の役割は何ですか。どのように作成するのですか。

勤務校では、毎週金曜日の放課後に、次の週の「週案」を提出することになっています。週案を作成することは、授業を計画的に行うために大切なことだと言われていますが、具体的にどのような意味ですか。また、週案のもっている役割と、週案を作成する方法について具体的に教えてください。

A 週案は週ごとの指導計画であり、指導の記録としての役割があります。

教科や道徳などの年間指導計画に基づいて、週ごとの指導の計画を形にしたものが週案簿です。また、実際に実施した時間数や指導の内容などの記録簿としての役割を果たします。

① 週の指導計画を記す「公簿」として位置づけている教育委員会もあり、重要な文書である。

② 教科などの指導時間数の累計、朱書きした指導の記録は「職務」の記録でもある。

③ 授業時間数の管理に欠かせないものである。

	国語	社会	算数	理科	音楽	図工	家庭	体育	道徳	学活
標準時間数	6	3	4	3	2	2	2	3	1	1
今週時間数	5	3	4	3	2	2	2	1	1	1
累計時間数	86	38	68	33	26	22	22	45	12	14

A その週の授業の内容や方法、行事などの指導のイメージを固めよう。

週案を書き上げたら、「その週の指導の内容や方法が具体的にイメージできた」と言えるように週案を作成したいものです。そのためには、週案を作成する時間、場、材料などをそろえるなど計画的に進めることが大切です。

① 教科などの年間指導計画の時間数をもとに、学期、月、週の指導時間数を見積もる。

■ 4年生算数の年指導計画

月	単元名（時間数）
4	大きい数のしくみ（8）
5	円と球（9）
5～6	わり算の筆算（17）
6～7	折れ線グラフ（8）
7	整理のしかた（5）

② 1時間の指導の計画概要を明記する。

		月〔4月23日〕
1時間目	算数	① 大きい数のしくみ・5/8（単元名・時間数） ② 整数を10倍した数や10でわった数の表し方を理解させる。（本時のねらい） ③ 位取り表で整数の仕組みをまとめる。（学習活動） ④ 位取り表への書き込みの内容、練習問題への取り組み状況（評価の方法）

③ 授業の様子（子どもの反応、計画の変更など）を朱書きする。

Q6 毎日、毎月の出欠席状況をどのように報告するのですか。

通知表には月ごと、学期ごとに出席や欠席などの日数を記入する欄があります。日々、月々の出欠席の状況を記録することは担任の大切な仕事だと指導を受けていますが、担任としてどのように作成すればよいのでしょうか。出席簿の役割と出欠席の整理・報告の仕方について教えてください。

A 出席簿は、学校が備えなければならない「表簿」です。

学校教育法施行規則では、学校は出席簿を作成し5年間保存しなければならないことが定められています。学校では、担任が月ごとに作成し、校長に提出することになっています。

① 出席簿は、学級ごと、月ごとに作成する。
② 出席簿には、毎日の出欠（出席・欠席・遅刻・早退・出席停止・忌引・公欠など）や入学・転学・退学などを記入する。
③ 記載の仕方は、教育委員会などで決められていて、一定のルールがある。
④ 出欠の記録は月ごとあるいは学期ごとに、授業日数とともに集計され、指導要録の出席に関する記録として保存される。

名前	日	1	2	3	4	5	6	7	8
	曜	火	水	木	金	土	日	月	火
1	相澤　優								
2	秋本　正								
3	池田博史	○							
4	上田雅美								
5	江本正則								
6	緒方朝子								

斜線は欠席、○は早退というように、教育委員会で記入の仕方が決められている。

「記入の手引き」をよく見て間違いのないようにする。

A 日々、月々の出欠席の状況を整理する事務作業をきちんとしよう。

「うちの子は、こんなに休んでいません。」通知表の学期の欠席日数欄を見た保護者からこんなクレームが来ないとも限りません。出欠席の記録も子どもにとっては大切な成長の記録、生活の記録です。

① 朝の会で呼名とともに必ず一人一人の顔を見て出欠席を確認する。

今日も元気ですね！
青空さん
はーい先生

② その日の出欠席の状況は鉛筆書きで記しておき、週末あるいは月末に清書し、統計処理する。

全校の子どもの出欠席状況や健康状態を毎日把握するために「保健カード」を用いている学校も多くあります。保健カードは1時間目が始まる前に保健室に回収され、養護教諭が集計し、管理職に報告するとともに、職員室の黒板などに掲示するようになっています。

Ⅴ　学級事務の内容と進め方

V 学級事務の内容と進め方

Q7 分担された校務分掌をきちんと処理するためには、どのようなことが大切ですか。

校務分掌の仕事として生活指導部と特別活動部、教科では体育部、また、特別委員会では、運動会実行委員会に所属しています。学年主任の先生から、「それぞれの部の主任から話をよく聞いて、率先して仕事をすることが大切だ」と言われました。分掌の仕事の具体的な内容はまだわかりませんが、組織の一員としての心構えや仕事の処理に必要なことを教えてください。

A 所属する分掌の主任から話をよく聞いて担当する仕事の内容を理解しよう。

校務分掌は、校内のさまざまな仕事を組織的・効率的に行うために分担して行う仕組みです。分担された仕事は、学校の教育活動を円滑に進めるために重要です。まず、自分の仕事内容をしっかり理解することからはじめましょう。

① 校務分掌表（図）の自分の名前のあるところにマーカーを引く。
② その分掌の主任（チーフ）に仕事の概要と自分の役割を聞く。
③ 担当としての資料作成や提案などについては、必ず主任に相談して取り組む。

A 見通しをもつため、スケジュール管理をしっかりしよう。

例えば、運動会実行委員会に所属している場合、運動会1ヶ月前はこの分掌の仕事は当然多くなります。学級や学年の運動会の指導や通常の学級事務に加えて、分掌の仕事にも時間を割かなければなりません。

① 年間の教育活動計画（行事計画）に担当する分掌の仕事を書き込んで全体を見通す。
② いつまでに、何を、どのようにしなければならないかを確認する。
③ 前年度の資料や提案等について早めに目を通しておく。

> 校務分掌組織図‥校長の学校経営方針を実現するための組織を示したもので、各担当の名前が記入される。

平成○年度　○○小学校　校務分掌組織図

- 校長
  - 教頭（副校長）
  - 企画委員会
    - 【常設委員会】 生活指導／特別活動／健康給食／研究推進
    - 【特別委員会】 入学・卒業／運動会／学習発表会／通知表
    - 事務・渉外部
      - 給食
      - 保健
      - 就学援助
    - 生活指導部
      - 校内生活
      - 校外生活
      - 交通安全
      - 防災安全
      - 清掃指導
    - 教務部
      - 教科書
      - 新規採用教員研修
      - 教育実習担当
      - 時数集計
      - 時間割
      - 行事記録
      - 学校評価
      - 年間・月間行事計画
      - 教育計画の立案
      - 企画委員会の運営
    - 研究部
      - 国語／社会／算数／理科／生活／音楽／図工／家庭／体育／道徳／総合

> 各担当が、関係資料を作成し、職員会議で提案することで、組織的な取組が進んでいく。

Q8 インフルエンザ（流感）などによる学級閉鎖のとき、学級担任は何をするのですか。

学級の子どもの家庭から、子どもがインフルエンザにかかったのでしばらく登校できないと連絡がありました。あらためて学級の様子を見てみると、かぜだということで欠席している子どもが他にもいる上に、体調を崩している子どもが何人もいます。インフルエンザが広がりつつあるのであれば学級閉鎖をしなければなりません。担任として何をすればよいのでしょうか。

A インフルエンザが広がらないよう、学級閉鎖を検討します。

学級の子どもがインフルエンザの診断を受けた場合、それまでの学校生活の中で、他の子どもにもうつっている可能性があります。インフルエンザが広がることがないように迅速・的確な対応が必要です。

① 子どもの中に、インフルエンザの症状のある子どもがどのくらいいるか調べる。

② 欠席している子どもの家庭に連絡し、インフルエンザの症状がないかを聞く。

③ これらの状況について、養護教諭を通して管理職に報告し、学級閉鎖の必要を検討する。

学校伝染病による学級閉鎖（臨時休業）

インフルエンザは学校保健法で定められている「学校伝染病」の一つ。集団生活でこの病気が伝染して広がることを防ぐために、インフルエンザと診断された子どもは出席停止という措置がとられる。また、その広がり状況に応じて、校長が校医や教育委員会などと相談して学級（又は学年）閉鎖（臨時休業）を行うことができる。

A 校長名で家庭へ学級閉鎖を知らせ、再開のための準備を進めよう。

学級閉鎖のお知らせには、家庭でのインフルエンザ対応について、また、学級再開の見通しやその間の子どもの生活についての配慮などを示し、一日も早い学級再開を目指しましょう。

① 家庭への情報提供を含めたインフルエンザ対応の指導をする。

> インフルエンザによる学級閉鎖をすることになりました。次のことをお願いします。
> 〔学級閉鎖の期間〕2月14日〜2月16日
> 〔注意していただきたいこと〕
> ○健康状況に注意し、栄養に十分注意して体の抵抗力を低下させないようにしてください。
> ○人ごみや混雑する場所への出入りを控えさえてください。
> ○子どもにインフルエンザの症状があるときは、速やかに医師の診察を受けて安静を保たせるようにし、学校に連絡してください。

② 学級閉鎖の間も各家庭と連絡をとり、その状況の把握に努める。

③ 健康な子どもが取り組める学習課題を示すなど、家庭での過ごし方の指導もする。

V 学級事務の内容と進め方

Q9 子どもの健康診断はどのような内容ですか。それを行う時期はいつですか。

4月、5月の行事予定表を見ると、視力検査や聴力検査など定期健康診断が行われるように計画されています。健康診断にはどのようなものがあり、どの時期に行うことになっているのでしょうか。また、学級ごとに保健室に移動して行うようですが、担任としてはどのような指導や配慮が必要でしょうか。

A 定期健康診断の内容や時期は、学校保健計画に示されています。

学校では毎年定期的に健康診断を行うことが学校保健法で定められています。次のページに示す内容を6月30日までに実施することになっています。健康診断の予定は、学校保健計画に示されています。

① 健康診断は、「行事」の時間として週案簿に記入する。
② 健康診断の予定を、保健室便りや学年便りで家庭に知らせる。
③ 健康診断の結果の記録作成は、基本的には担任の仕事である。

こんなことがないように、十分気をつけよう。
健康診断の予定はしっかりと連絡しておこう。
診断結果は個人情報。十分配慮しよう。

A 健康診断の目的や診断を受けるときのルールをしっかり指導しよう。

学校が子どもの健康状態を把握することはもちろん、子どもが自分の成長・発育、健康の状態について知り、健康な生活を送るための手がかりにするために健康診断を実施します。目的を理解させ、その心構えをもたせておきましょう。

① 健康診断の目的や意義を確認する。 
② 受診のマナーやルールを確認する。 
③ 診断結果を家庭に戻し、子どもと保護者が健康について話し合えるようにする。

■小学校保健計画－第○学年－

月	4月	5月	6月	7月
保健目標	自分の体を知ろう	生活のリズムを整えよう	歯を大切にしよう	体をきたえよう
行事	始業式　入学式 交通安全教室 1年生を迎える会	運動会	遠足（1～6年） 家庭訪問 プール開き	終業式 臨海学校（6年）
検診等	聴力検査・視力検査 身体測定 尿検査 耳鼻科検診	寄生虫検査 内科検診（結核検診） 歯科検診 眼科検診	心臓検診 体重測定 体力測定	
調査等	保健調査 机・いすの適合		水泳参加調査	臨海学校前保健調査

■定期健康診断の内容

	検査の項目		検査の項目
1	身長、体重、座高	7	歯及び口腔の疾病
2	栄養状態（栄養不良、肥満）	8	結核
3	脊髄胸郭	9	心臓の疾病（心電図検査）
4	視力、聴力	10	尿
5	眼疾患	11	寄生虫卵の有無
6	耳鼻咽喉疾患、皮膚の疾患	12	その他（気管支喘息、腎臓疾患等）

☆保健室だより　5月特別号

○○小学校
校長○○○○

新学期が始まってそろそろ1ヶ月。疲れは出ていませんか。学校はすっかり新緑に囲まれ、とてもいい季節を迎えました。

定期健康診断が始まっています！

毎年、4月には健康診断が始まります。どうして毎年やるのかなと思っている人もいるかもしれません。なぜ、学校では、年に1度健康診断をするのでしょうか。そして、その結果をもらったらどうすればよいのでしょうか。

〔健康診断の目的は・・〕

みなさんが、成長や発育、健康の状態など自分の体のことを知るために行っています。そして、より健康な生活を送るためにはどうしたらよいか、考えるきっかけとしてください。

〔健康診断の結果をもらったら・・〕

健康診断の結果のお知らせには、成長の様子や今のあなたの体のことが書いてあります。おうちの人といっしょに読んでください。

〔健康診断の予定〕

4月28日（木）歯科検診（1～6年）　5月9日（火）内科検診（3年）
5月10日（水）内科検診（4～6年）　5月11日（木）尿検査（2回）

先輩教師の"ちょっとひと言"
学級事務は学級経営の基盤

　「学級事務は雑務である。」と言う人がいます。また、本来の仕事ではないから「提出期限に遅れてもいい。」という考えで仕事をする人もいるようです。ところがわたしには、こうした考えは「仕事ができない人の言い訳」にしか聞こえません。

　わたしには、何より大事にしてきた学級事務が二つあります。一つは「週案」であり、もう一つは「日記指導」です。今になってみて、この二つが学級経営の両輪だったと思っています。

〔週案〕計画・実践・評価の拠り所として
　週案は、初任者の頃から毎週書き続けてきました。書いていないと授業をするのが不安でしたから、予定や授業の内容を頭に入れるために、週末には翌週の計画を書き入れるようにしていました。

　ある時、まとめて数週間分を書いてみたことがあります。しかし、何週間も先のことですから、当然変更が出てきます。結局、翌週のことを週末に改めて確認・訂正することになり、毎週根気強く書き続けるほうが合理的だと気がつきました。他にも工夫したことがあります。
・計画したことを実践の段階で変更した場合には、朱書きで訂正する。
・実践の結果、改善が必要だと判断したところは、改善策を記しておく。
・特徴的な反応が見られた子どもや個別の支援が必要だと判断した子どもについては、欄外にその様子をメモしておく。

　これらの工夫によって、わたしの授業が成り立っていたのです。

〔日記指導〕子ども理解の拠り所として
　子どもたちとの日記による交流は、子どもにとっては
・自分の思いを先生に伝える
・文章や文字の書き方が上手になる
などの意味があります。しかし、わたしにとってはそれ以上に、子どもの考えや状況を理解する上で大変役に立ちました。日記の様子から子どもの悩みに気づいたり、勇気づける材料を拾ったりしました。時には、授業の教材として活用したこともあります。このような活用ができるようになるには、子どもが本音を書いてくれる必要があります。そのためには、毎日、欠かさず日記に返事を書くことが必要です。根気がいります。でも、先生の「赤ペン」があるから、子どもも書くことが楽しいのです。それは、私にとってはオリジナルな学級事務であり、コミュニケーションの拠り所となる楽しい仕事でした。

参考資料

学級経営案	132
専科経営案	134
週案簿の記入例	136
学級・学年通信	138
通知表の記入例	140
指導要録の記入例	142

【学級経営案】　　　　　　　　　　　　　　　　　　　　　　　　　（1年生の例）

平成○年度　○○小学校第1学年2組　学級経営案

担任名	○○　○○	在籍児童数	男子16人、女子17人、計33人

1　教育目標
（1）　学校教育目標　　心やさしい子　　　　よく考える子　　　　たくましい子
（2）　学年目標　　友だちの気持ちを考えよう　よく聞いて発表しよう　たくさん運動しよう
（3）　学級目標　　友だちと仲よくしよう　　先生の話、友だちの話をしっかり聞いて考えよう
　　　　　　　　　　たくさん遊び、たくさん運動して体をきたえよう

2　学級の実態
（1）　生活…集団で仲よく遊ぶことができる。相手の気持ちを考える経験を豊かにさせていくこと、家庭と連携しながら基本的な生活習慣の定着を図ることが課題の子どももいる。
（2）　学習…知的好奇心が旺盛な子どもが多い。思いや考えを1年生なりに整理して表現する学習経験を多様にさせることが必要である。
（3）　健康…体を動かすことが大好きで、休み時間は全員が外で元気よく遊んでいる。生活リズムに心配のある子どももいる。

3　学級経営の方針
　1年生は、学校生活のはじめの1歩。友だちと一緒に学校生活を送ることが楽しい、わかることできることが嬉しいと実感できる学級づくりを進める。
○　子ども一人一人のよさを認め合える集団とすることで、自己肯定感、自己有用感を高める。
○　子ども一人一人の興味・関心・意欲を大切にした授業を工夫し、自ら学ぶ力を高めたい。
○　共通の目標に向かって協同することに喜びを感じることのできる集団づくりを進める。
○　「一緒に子育てを！」を合言葉に、保護者と話し合い、連絡を密にして協力関係を築く。

4　学級経営上の今年度の重点
（1）　教科指導
　○　学習の「約束」を身につけさせ、話す・聞く・書くことをていねいに指導する。
　○　特に単元の導入で扱う教材を工夫し、興味・関心、学ぶ意欲を高める授業を展開する。
　○　子どもなりに目標をもって基礎的・基本的な内容の反復練習ができるよう指導を工夫する。
（2）　道徳、特別活動の指導
　○　係や当番の活動を通して、学級の一員としての役割の大切さを実感できるよう指導を工夫する。
　○　生活科や学校行事などの体験的な活動と関連させた道徳の授業を工夫する。
（3）　健康、安全の指導
　○　登下校や校内での生活の安全について体験的・具体的に理解できるよう指導を工夫する。
　○　家庭との連携を図り、手洗いやうがい、歯磨きなど、健康な生活の大切さを指導していく。
（4）　生徒（生活）指導
　○　学校生活の「約束」について、理解を図りながら身につけることができるよう指導する。
　○　遊びやさまざまな活動を共通体験させながら集団生活の意味や楽しさを実感させる。

(6年生の例)

平成〇年度　〇〇小学校　第6学年1組　学級経営案		
担任名	〇〇　〇〇　　在籍児童数　　男子15人、女子14人、計29人	

1　教育目標
（1）　学校教育目標　①　進んで学びよく考える子　　②　思いやりのありきまりを守る子
　　　　　　　　　　③　心身ともに健康でたくましい子
（2）　学級目標　　　①　自ら学び、自ら考えて、思いや考えを積極的に表現しよう
　　　　　　　　　　②　学級の一員としての自覚をもち、友だちを思い、優しさを伝えよう
　　　　　　　　　　③　あきらめずに何度でもチャレンジしよう

2　学級の実態
　5年生からの積み上げがあり、共通の目標に向かって前向きに取り組むことができる集団に育っている。相手の立場に立って考えることができる子どもが多く、最高学年として下級生の面倒をみながらリーダーシップをとることを期待して指導を継続していきたい。学習においては、自ら課題を明らかにして追究する学習経験をふまえて、一層表現力を高めることが学級全体の課題である。また、基礎的・基本的な内容の定着度について不十分な子どもが5人おり、定着のための工夫が必要である。リーダーが育ち、学級全体でチャレンジ精神が旺盛な学級である。

3　学級経営の方針
　「元気、本気、根気」「チャンスにチャレンジ」をモットーに、子どもたちがもつ可能性を最大限に引き出し、伸ばす学級経営を目指す。学校生活のあらゆる場面で、自分の考えをもちながらも、友だちの意見を聞き、互いに高め合い、学級としての考えを質の高いものにしていけるよう指導を重ねる。最高学年として、行事も「自分たちが創る」という意識で取り組むことを支援する。

4　学級経営上の今年度の重点
（1）　教科指導
　○　自ら課題を見つけ、追究する学習過程で授業を展開し、主体的な学習活動を保障する。
　○　市内一斉の学力定着テストでは、子ども一人一人の設定目標を全てで上回ることができるよう指導する。
　○　個々の学びの成果を集団で練り上げる活動を工夫し、生産的な学びの集団づくりを進める。
（2）　道徳、特別活動の指導
　○　「行事は自分たちで創る」という意識をもたせ、全校をリードする喜びを味わわせる。
　○　総合的な学習の時間や学校行事などの体験的な活動と関連させた道徳の授業を工夫する。
（3）　健康、安全の指導
　○　生命と健康な生活の大切さを実感させ、「自分の身は自分で守る」という実践力を高める。
　○　家庭との連携を一層密にしながら、自らよりよい生活を志向する態度を育てる。
（4）　生徒（生活）指導
　○　どんなことでも相談できる関係を維持しながら、発達段階に応じた指導を工夫する。
　○　「本物体験」を中心に、職場体験や直接交流を通して、将来への展望を抱けるようにする。

【専科経営案】　　　　　　　　　　　　　　　　　　　　　　　　（音楽科の例）

平成〇年度　〇〇小学校　音楽科　専科経営案

担任名	〇〇　〇〇	担当学年	第3学年　第4学年　第5学年　第6学年

1　教育目標
（1）　学校教育目標　①　進んで学びよく考える子　　②　思いやりのありきまりを守る子
　　　　　　　　　　③　心身ともに健康でたくましい子
（2）　教科指導目標
　①　第3学年・第4学年
　　・進んで音楽にかかわり、音楽活動への意欲を高め、音楽経験を生かして生活を・・・。
　　・旋律に重点を置いた活動を通して、基礎的な表現の能力を伸ばし、音楽表現の・・・。
　　・音楽の楽しさを感じ取って聴き、さまざまな音楽に親しむようにする。
　②　第5学年・第6学年
　　・創造的に音楽にかかわり、音楽活動への意欲を高め、音楽経験を生かして生活を・・・。
　　・音の重なりや和声の響きに重点を置いた活動を通して、基礎的な表現の能力を高め・・・。
　　・音楽の美しさ味わって聴き、様々な音楽に親しむようにする。

2　音楽科に関する子どもの実態
　　音楽集会や行事での一体感のある斉唱ができている。ほとんどの子どもが音楽に興味をもっているが、その興味と音楽の授業がなかなか結びつかない学級もある。一方で、音楽の授業と関連させて日々歌のある学級づくりを進めている学級もある。合唱や合奏を中心に表現することへの関心・意欲を、音楽の授業を通して一層高めることが課題である。

3　経営の方針
　○　子ども一人一人が楽しく意欲的に自己表現する音楽の授業を展開する。
　○　多様な音楽活動を通して、音楽の美しさやよさを味わわせ、豊かな感性を育む。
　○　歌う姿勢、曲を聴く姿勢など、音楽に必要な規律の必要性を実感し身につけさせる。

4　今年度の重点
　○　子どもの興味・関心を高める題材を工夫し、自ら学ぶ授業を展開する。
　○　合奏、合唱では、音色や旋律に耳を傾け、より美しい音を追求することをていねいに指導する。
　○　発声練習をていねいに行い、発達段階に応じて頭声発声で歌えるように系統的に指導をする。
　○　「個」に依存する音楽性に着目し、一人一人の個性を伸ばす指導の手立てを工夫する。
　○　音楽活動の中で、子ども一人一人の思いや願いを実現できるよう指導と評価の一体化を図る。

5　教材・環境の工夫
　○　時節に応じた「今月の歌」を授業で扱い、全校での一体感ある音楽活動に結びつける。
　○　表現活動が豊かになるよう、音楽室や音楽コーナーの掲示物を工夫する。
　○　楽器の整理整頓、点検を心がけ、気持ちよく合奏できる状態を保つ。

(少人数指導の例)

平成○年度　○○小学校　算数科少人数指導　教科経営案

担任名	○○　○○	担当学年	第5学年　第6学年

1　教育目標

（1）　学校教育目標　　① 進んで学びよく考える子　　② 思いやりのありきまりを守る子
　　　　　　　　　　　③ 心身ともに健康でたくましい子

（2）　第6学年の指導目標

［算数への関心・意欲・態度］　数量や図形の性質や関係などに着目して考察処理したり、論理的に考えたりすることの良さに気づき、進んで利用しようとする。

［数学的な考え方］　算数的活動を通して、数学的な考え方を身につけ、論理的に考えたり、発展的、統合的に考えたりする。

［数量や図形についての表現・処理］　分数の計算が確実にでき、それを用いるとともに、立体図形の体積を求めたり、立体図形を構成したり、数量の関係などを表したり、調べたりする。

［数量や図形についての知識・理解］　数量や図形についての感覚を豊にするとともに、分数の計算の意味、体積の求め方、基本的な立体図形の意味及び数量の関係の表し方や調べ方を理解している。

2　算数科に関する子どもの実態

昨年度実施の算数の学力定着状況テストにおいて、本校の5・6年生は、市の平均を10点以上上回ってはいたものの、数学的な考え方の問題では、知識・領域、表現・処理の問題と比べて低い傾向があった。授業においても、機械的な計算はできるが、数学的な考え方を用いて解決したり、解決の過程を表現し、説明することが苦手なことがそれを裏づけている。

3　経営の方針

数量や図形についての興味・関心を高めながら、数理的な表現の楽しさや喜びを味わわせ、個の学びから集団での学びの質を高めていく授業を目指していく。

- ○　子ども一人一人が算数のよさを味わい、主体的に問題解決する授業を展開する。
- ○　「個」の自力解決から小集団での検討、そして全体で考えを練り上げる教材・活動を工夫する。
- ○　基礎的・基本的な内容、計算技能の定着を図り、子どもが自ら問題解決する力を培う。

4　今年度の重点

- ○　子どもの実態をていねいに把握し、学習状況に応じた習熟度別学習集団への編成に努める。
- ○　習熟度別学習集団に応じた教材や活動を工夫し、指導計画を整備していく。
- ○　学級担任及び家庭との連携を進め、基礎的・基本的な内容を定着させる。
- ○　身につけた基礎的・基本的な内容を活用して考えを深める授業を目指す。

5　教材・環境の工夫

- ○　子どもの興味・関心を高め、数理的な処理のよさを実感し、味わうことのできる教材開発に努め、算数教材室の充実を進める。
- ○　少人数指導の趣旨や方法について、子ども及び保護者の理解を図る啓発を工夫する。

【週案簿の記入例】

○○小学校　第1学年　2学期5週　9月25日～9月29日

	月（25日）	火（26日）	水（27日）	木（28日）	金（29日）
1	道徳 「あいさつは心のリボン」 あいさつは人との心を結ぶ活動。 心のノート活用	体育 「準備運動」 「ボール遊び」 ・片手での投げ方 ・1人→2人 ・ボール送りゲーム	国語 「自動車くらべ」 「音読」 バスと乗用車の仕事とつくり関係 p93視写する活動	図工 「迷路を作ろう」 画用紙・色鉛筆準備 スタート→ゴールを線で結ぶ楽しさ	国語 「自動車くらべ」 「音読」 クレーン車の仕事とつくりの関係 片仮名の練習
2	国語 「漢字練習（車）」 いろいろなものの数え方（まい、本、個、人）声に出して数えよう	国語 「自動車くらべ」 「範読」 知っている自動車の名前をあげて話し合う活動→音読	算数 「どちらが長い」 身の回りのものの長さに関心をもち直接比較、間接比較する活動	図工 「迷路を作ろう」 ゴールまでの間にたくさんの寄り道を作ろう	音楽 「リズムにのって遊ぼう」 白くまのジェンカ フォークダンス リズムを打とう
3	算数 「研鑽練習」 計算ドリルのまとめを個別に進める 発展的な計算	音楽 「リズムにのって遊ぼう」 音楽に合わせて歌ったり踊ったりしよう →タンブリン	生活 「もっと仲良しになろう」 人や自然と好ましいかかわりをもつ <u>生き物とかかわる</u>	体育 「準備運動」 「持久走コース2周」 タイヤ→平均台→ジャングルジム 「ボール遊び」	国語（図書） 図書室「読み聞かせ」 読み聞かせの紹介 レオ・レニオンシリーズ（図書ボランティア）
4	生活 「パソコンの使い方」 パソコン室 電源→キーボード→練習→マウスレッスン	算数 「かたちをかいてみよう」 波線をなぞっていろいろな形を描く 【プリント用意】	国語 「読み聞かせ」 「新しい漢字の練習」 （空、子） p94の視写	国語 自動 音読 トラ 車の 取っ	生活 ～~コンの使い方~~ ~~パソコン室~~ 基本操作を確認 ハイパーキューブ マウスレッスン
5	円、三角形、長方形 正方形の色紙	国語 「読み聞かせ」 「新しい漢字の練習」 （人、子） 「自動車くらべの音読」	☆手洗い・うがいをさせる。 ☆にわとりとウサギ、柵の用意	学級活動 係の仕事 あったら楽しくなるような係りを考えよう 班で話し合い	校外学習について 生活科見学の予定 見学の仕方
		意外にもさわれない子どもが多かった。		司会席 体形の工夫	☆司会へのアドバイス 進め方のメモ 声の大きさ
		教材研究 算数「繰り上がりのたし算」単元計画 国語 自動車くらべのまとめの活動	児童理解研修 1年生の支援が必要な子どもについて	学年会 生活科校外学習について	地域の祭に学年で参加する。

※ 予定を変更した場合は、このよう二重線を引いて、実施した内容を朱書きする。

※ 放課後の会議の予定や記録のメモなどを書き込んでおくと、見通しをもってその週を過ごすことができる。

検印	校長印	副校長印	作成者　1年2組　○○○○	印

留意点　○算数プリント（こうくん、ゆうきくん、まいさん、みゆきさん、もえさん）
　　　　　→個別にシートを用意（色画用紙、発展問題）
　　○　校外学習のお知らせ（金曜日に配布）　場所の確認、名簿の準備
　　○　週末の地域のお祭りの参加について（あいさつとお金の使い方指導）

> 指導上の配慮事項や連絡事項など忘れてはいけない事柄を簡潔に記し、常に確認できるようにする。

●児童理解研修
・嫌な話題のとき
　＊その話はやめよう。
・友達同士で認め合う。
　＊よかったことを言ってもらう。

> ・山本さん　29日までお休み
> 　29日の連絡を忘れずに！

○　バスをどこで降りるか確認！

指導や児童の活動等の記録
　　○　国語：自動車くらべ（暗誦合格者）
　　　　ただしくん、かおりさん
　　　　ゆうまくん、けんくん
　　　　あいさん、まみこさん
　　　　みさきさん、かいとくん
　　△いずみさん、はじめくん

> その後の指導に役立つ内容を、その週の指導の記録としてメモしておく。

> 音読練習への協力を家庭に連絡していく。

○　校外学習について
・並び方、持ち物の確認
・見学（ルート）の仕方
・時計係（グループ）
・すべての動物を見られるように。
・バスの中でのすごし方

ゆうきくん
「ありがとう」「ごめんなさい」が言えるようになってきた。休み時間、友だちからほめられて嬉しそうにしていた。

まいさん　2年生との交流活動、2組の鈴木さんが迎えにきてくれたおかげで楽しく取り組めた。

> 子どもの変容の記録の積み重ねは、子どもの理解を深める。通知表の所見を書く際にもとても参考になる。

校長所見
　国語や算数の学習に1年生なりの目標をもたせて指導している様子がわかります。
　集団での活動が苦手な子どもへのきめ細かい指導・配慮ありがとうございます。

授業時間数二学期	教科など	国語	社会	算数	理科	生活	音楽	図工	家庭	体育	道徳	特別活動 学級活動	特別活動 児童会活動	特別活動 クラブ活動	特別活動 学校行事	総合的な学習	総計
	予　定	8		3		3	2	2		2	1	1			0		22
	実　施	8		3		3	2	2		2	1	1			0		22
	累　計	28		16		11	7	8		8	4	6			5		91

【学級・学年通信】　　　　　　　　　　　　　　　　　　　　　　　(学年通信の例)

○○市立△△小学校3年　学年だより
みんなで ジャンプ
4月号

進級おめでとう！　新しい第一歩です。
　いよいよ3年生としての第一歩がはじまりました。2年生から3年生への橋渡しとなる春休みは、2週間足らずの短い休みでしたが、元気いっぱい笑顔キラキラで登校した子どもたちの豊かな表情からは、さらに伸びようとする大きなパワーが、はっきりと感じとれました。
　1クラス27人、合計81人でスタートした、「3年丸」。一人一人が、大きく飛躍することを願って学年だよりの名前も「ジャンプ」としました。担任3人も、クラスの枠をはずし協力し合って全力で取り組んでいく覚悟です。
　ご心配事や相談事などありましたら、何なりとお申しつけください。保護者の方といっしょに子どもたちを育てていきたいと思っております。
　保護者の皆様方、どうかご協力のほど、なにとぞよろしくお願いいたします。

| どうぞよろしくお願いします！ |

1組担任　東風　秋子
「いつもニコニコ　さわやかに」を合言葉に、楽しい学級づくりをめざしていきたいと思っています。1年間どうぞよろしくお願いします。

2組担任　西風　夏男
　運動大好き2組。時には厳しく、時にはやさしく。笑顔の絶えない活気に満ちあふれた学級づくりをめざしたいと思います。よろしくお願いします。

3組担任　春風　幸子
「学校に来るのは楽しいな！」とみんなが思えるような、温かく楽しい学級・学年づくりをめざします。あせらず、あわてず、あきらめず。3つの「あ」でがんばります。

４月の行事予定

- ６日（木）着任式・始業式・入学式
- 10日（月）全校朝会・対面式
- 11日（火）計測・避難訓練　（３校時）
- 12日（水）音楽朝会・歯科検診
- 14日（金）体育朝会・保護者会
- 17日（月）全校朝会
- 18日（火）１年生を迎える会
- 20日（木）尿検査１次
- 21日（金）児童集会・聴力検査
  - 交通安全教室（４校時）
  - 離任式（５校時）
- 24日（月）全校朝会・尿検査（予備日）
- 25日（火）個人面談
- 26日（水）音楽朝会・眼科検診
  - 個人面談
- 27日（木）児童集会・個人面談
- 28日（金）体育朝会
- 29日（土）みどりの日（祭日）

学習の予定

- 国語　きつつきの商売
- 社会　わたしたちの町たんけん
- 算数　たし算とひき算
- 理科　たねをまこう
- 音楽　春の小川　ドレミで歌おう
- 図工　花・自分の顔・消防署の写生
- 体育　集合整列行進・かけっこ
- 総合　生き物ウオッチング
- 道徳　節度ある生活態度
  - 規則の尊重
- 学活　学級のきまり

初めまして・・・
○○　○○さん　３年１組へ
○○市から転校してきました
なかよくしましょうね！

お知らせ

　学年はじめということでいろいろな種類のプリントを持ち帰っています。お忙しい中大変恐縮ですが、締め切り日を守って提出してください。
　　保健カード　心臓検診調査票　結核検診問診票・・・４月12日提出

　本日、教科書を配布しました。記名を忘れずにお願いします。（学用品も）

　ノート類は、２年生のときのものを引き続き使用してください。新しく購入するときは、次のものをお求めください。
　　国語　18マス　　算数　17マス　　社会・理科　10ミリ方眼

【通知表の記入例】

第6学年

> 学期ごとに成長していることがわかる子どもの評価・判定を示す。

教科	学習の記録 / 各教科の様子	1学期 よくできる	1学期 できる	1学期 がんばろう	2学期 よくできる	2学期 できる	2学期 がんばろう	3学期 よくできる	3学期 できる	3学期 がんばろう
国語	効果的に表現したり、幅広く読書したりしようとする		○			○			○	
国語	的確に話したり、意図をつかみながら聞いたりする		○			○			○	
国語	目的や意図に応じ、筋道を立てて文章を書く		○			○			○	
国語	内容や要旨を把握して読み取る	○				○			○	
国語	言葉や文のきまりがわかり、文字を正しく整えて書く		○			○			○	
社会	歴史・政治・国際社会などに関心をもち、すすんで学習しようとする		○			○			○	
社会	歴史・政治・国際社会に関する社会的事象から学習の問題を見出し追究・解決する		○			○			○	
社会	歴史・政治・国際社会を調べたり、資料を活用したりして、目的に応じて表現する		○			○			○	
社会	歴史・政治・国際社会における我が国の役割がわかる	○				○			○	
算数	算数の学習に興味・関心をもち、意欲的に取り組もうとする	○				○			○	
算数	数量や図形の性質や関係に着目して論理的に考える	○				○			○	
算数	分数の計算、体積、作図、数量関係を表す		○			○			○	
算数	数量や図形の性質、および計算の意味や調べ方がわかる	○				○			○	
理科	自然事象に関心をもって意欲的に調べようとする	○				○			○	
理科	相互の関係や規則性をとらえ、見通しをもって問題を解決する		○			○			○	
理科	観察・実験を工夫して行い、過程や結果を的確に表現する	○				○			○	
理科	生物と環境とのかかわり、物の性質や働きの変化、きまりなどがわかる	○				○			○	
音楽	音楽に親しみすすんで音楽活動をしようとする	○				○			○	
音楽	音楽の美しさを感じとり、表現の工夫をする		○			○			○	
音楽	響きのある声で歌ったり、きれいな音色で楽器を演奏したりする			○		○			○	
音楽	曲の気分を感じとり、楽曲の構成に気を付けて聴く		○			○			○	
図画工作	自分の思いを創作活動に生かし、表現しようとする	○				○			○	
図画工作	思いやひらめきをもとに想像し、発想を広げ、構想して表す	○				○			○	
図画工作	表現の意図に応じて技能や造形感覚を生かす		○			○			○	
図画工作	作品の美しさや表し方のよさを感じとったり、味わったりする		○			○			○	
家庭	衣食住や家族の生活に関心をもち、家庭の仕事をすすんで実践しようとする		○			○			○	
家庭	衣食住や家族の生活について考え、よりよい生活のための工夫をする		○			○			○	
家庭	衣食住や家族の生活について基礎的な技能を身につける		○			○			○	
家庭	衣食住や家族の生活について基礎的な事項がわかる		○			○			○	
体育	協力・公正などの態度を身につけ、健康・安全に留意し、すすんで運動しようとする	○			○			○		
体育	自己の課題の解決を目指して、運動の仕方を考え、工夫する	○				○			○	
体育	運動の特性に応じた技能を身につける	○				○			○	
体育	健康の保持増進や病気の予防に関することがわかる	○				○			○	

総合的な学習の時間

・社会の課題を自己の課題としてとらえ、解決しようとする
・これまでに学んだことを生かして、課題を解決する
・相手や目的に応じた表現方法を選び、工夫して表現する

| 1. 自らすすんで野鳥の観察を行い、鳴き声を録音したり姿を写真に撮ったりして、鳥の様子をみんなに伝えようと努力しました。探鳥会では、下学年の面倒もよくみていました。 | 2.「クリーン作戦」では、地域の環境について時間をかけて調べ、自分たちにできることを考えて、発表できました。報告会ではコンピュータを使って、大人顔負けのプレゼンテーションができました。 | 3. 障害者や高齢者にとって住みよい地域にするようにはどうしたらよいか、インターネットなどで調べたことを新聞にまとめて多くの人に発信する工夫をしました。地域の高齢者から届いた感謝の手紙は、本人の宝物になるでしょう。 |

> 具体的な活動内容・様子・伸びた力などを記述する。

氏名 _____

行動の記録

項　目		1学期 よい	1学期 もう少し	2学期 よい	2学期 もう少し	3学期 よい	3学期 もう少し
だれにでも礼儀正しく行動する	（基本的な生活習慣）	○		○		○	
身の回りの整理整頓ができ、忘れ物をしない	（基本的な生活習慣）		○		○		○
明るく前向きに生活する	（健康・体力の向上）	○		○		○	
学習や仕事で自分の役割を自覚し、信頼される行動をとる	（責任感・勤労）			○		○	
相手のことを思いやり協力し合う	（思いやり・協力）	○					
きまりを守りみんなのために役立つことを行う	（公共心・公徳心）			○	○	○	

図書　委員会　　バドミントン　クラブ

1．・図書委員長に立候補し、全校の読書活動が活発になるよう計画を立てました。 ・バドミントンクラブでは、練習計画に従って真面目に練習していました。	2．・読書週間の呼びかけや貸し出しの活動を、委員長としてまとめていました。 ・下級生の面倒を見ながら楽しくゲームができるよう努めていました。	3．・年度末の図書整理や読書量グラフづくりでも委員長として活躍しました。 ・クラブ発表会では、モデル演技を披露しました。

通信欄

1．算数の「分数の計算」の学習では、かけ算の仕方について、ねばり強く考えることができました。また、1年生を迎える会では実行委員を務め、持ち前の明るさで会を盛り上げていました。小学校生活最後の1年のスタートを○○くんらしくきることができました。	2．「苦手だ。」と言っていた国語の学習にも意欲的に取り組み、読み取ったことを表現する力が高まっています。また、修学旅行の日光移動室では、班員をまとめ、楽しい思い出づくりに全力を注いでいました。○○くんのチャレンジ精神は級友のお手本になっています。	3．学習全般にわたって、課題意識を持って取り組んだ成果が表れています。「中学校でも数学を頑張りたい。」という言葉に大きな期待をよせています。卒業を祝う会での進行は見事でした。本校の伝統を下級生にも立派に伝える役割を果たしてくれました。

家庭から

所見には
○学習　○特別活動　○生活
のようにプロットをきめてその子の可能性や進歩の状況を記述するとよい。

【新指導要録・各欄の記入例】

小学校児童指導要録（参考様式）

様式1（学籍に関する記録）

記入例

区分＼学年	1	2	3	4	5	6
学級	1	1	2	2	1	1
整理番号	18	17	20	19	15	15

学籍の記録

児童	氏名 ふりがな	たなか　くみこ　田中 久美子　入学時記入　平成7年8月4日生	性別	女	入学時記入 入学・編入学等	平成14年4月1日　第1学年入学 事由発生時記入 ●転入学等をした場合
	現住所	○○県□□市東町5丁目22番地 ・変更がある場合のため、上部に記入 ・変更があった場合には2本線で消す。			転入学する。	事由発生時記入 平成15年9月1日　第2学年転入学 △△県◇◇市立夢野町小学校 △△県◇◇市夢野町5丁目233
保護者	氏名 ふりがな	たなか　ひろし　田中 宏　入学時記入			転学・退学等	事由発生時記入 （平成16年5月7日） 平成16年5月10日 ▽▽県○○市立山中小学校第3学年 ▽▽県○○市山中町2丁目3番地（転居のため）
	現住所	児童の欄に同じ ・児童の住所と異なる場合はその住所を書く。			卒業	卒業時記入 平成20年3月31日 ・校長が卒業を認定した年月日
入学時記入 入学前の経歴		平成11年4月から平成14年3月まで つばめ幼稚園在園			卒業時記入 進学先	○○県□□市立東中学校 ○○県□□市東町1丁目3番地
学校名及び所在地 （分校名・所在地等）		○○県□□市立東町小学校 ○○県□□市東町2丁目5番地　入学時記入				・転学のために学校を去った年月日 ・転学先の学校が受け入れた年月日の前日

区分＼年度学年	平成14年度 1	平成15年度 2	平成16年度 3
	・同一年度内に校長又は学級担任が代わった場合には、その都度後任者の氏名を併記する。		
校長氏名印 学年当初記入	小林光一㊞	小林光一㊞	山崎俊子㊞
学級担任者 氏名印 学年当初記入	荒井雅子㊞	荒井雅子㊞ (4月〜5月) 高木広子㊞ (6月〜3月)	森下みのり㊞ 石井

区分＼年度学年	平成17年度 4	平成18年度 5	平成19年度 6
校長氏名印	山崎俊子㊞	山崎俊子㊞ (4月〜10月) 中西一朗㊞ (10月〜3月)	中西一朗
学級担任者 氏名印	田口和夫㊞	市村伸二㊞	市村伸二

※㊞は＝＝末に捺印

担当等が代わった場合に、下に名前を記入できるよう マスの上方に記名する。

【新指導要録・各欄の記入のポイント】

様式2（指導に関する記録）

学年当初記入　　　　　　　　　　　　学年当初記入

児童氏名	学校名	区分＼学年	1	2	3	4	5	6
田中久美子	○○県□□市立東町小学校	学級	1	1	2	2	1	1
		整理番号	18	17	20	19	15	15

学年末記入

各教科の学習の記録
Ⅰ 観点別学習状況

教科	観点＼学年	1	2	3	4	5	6
国語	国語への関心・意欲・態度	B	B	A	A	B	
	話す・聞く能力	B	B	A	B	A	
	書く能力	B	B	B	B	A	
	読む能力	B	B	B	B	A	
	言語についての知識・理解・技能	B	B	B	B	A	
社会	社会的事象への関心・意欲・態度			A	A	B	
	社会的な思考・判断			B	B	B	
	観察・資料活用の技能・表現			A	A	A	
	社会的事象についての知識・理解			B	A	A	
算数	算数への関心・意欲・態度	A	A	B	B	B	
	数学的な考え方	A	A	B	B	B	
	数量や図形についての表現・処理	B	B	B	B	A	
	数量や図形についての知識・理解	B	A	B	B	A	
理科	自然事象への関心・意欲・態度			B	A	B	
	科学的な思考			B	B	B	
	観察・実験の技能・表現			B	B	B	
	自然事象についての知識・理解			B	A	A	
生活	生活への関心・意欲・態度	A	A				
	活動や体験についての思考・表現	A	B				
	身近な環境や自分についての気づき	B	A				
音楽	音楽への関心・意欲・態度						
	音楽的な感受や表現の工夫						
	表現の技能						
	鑑賞の能力						
図画工作	造形への関心・意欲・態度						
	発想や構想の能力						
	創造的な技能						
	鑑賞の能力						
家庭	家庭生活への関心・意欲・態度						
	生活を創意工夫する能力						
	生活の技能						
	家庭生活についての知識・理解						
体育	運動や健康・安全への関心・意欲・態度						
	運動や健康・安全についての思考・判断						
	運動の技能						
	健康・安全についての知識・理解						

〈以下略〉

Ⅱ 評定

学年＼教科	国語	社会	算数	理科	音楽	図画工作	家庭	体育
3	2	2	2	2	3	3		2
4	2	3	2	2	2	2		2
5								
6								

〈以下略〉

総合的な学習の時間の記録

学年	学習活動	観点	評価
3	・豆はかせになろう ・ブリティッシュスクールと交流しよう ・健康はかせになろう	・問題解決の能力 ・表現力 ・自己の生き方	学年末記入 ・大豆について調べたことや豆腐づくりの様子をわかりやすくまとめ、発表した。 ・鯛べたことをまとめたり、伝えたりする力を大きく伸ばした。
4	〈学習活動〉この時間に行った学習活動を記載する。	〈観点〉指導の目標や内容に基づいて定めた評価の観点を記載する。	〈評価〉記載した観点のうち、児童の学習状況に顕著な事項がある場合などにその特徴を記入するなど、児童にどのような力が身に付いたかを文章で記述する。
5			
6			

学年末記入　特別活動の記録

内容＼学年	1	2	3	4	5	6
学級活動			○	○		
児童会活動				○		
クラブ活動				○		
学校行事				○		

学年末記入　行動の記録

項目＼学年	1	2	3	4	5	6
基本的な生活習慣						
健康・体力の向上						
自主・自律						
責任感						
創意工夫						
思いやり・協力						
生命尊重・自然愛護						
勤労・奉仕						
公正・公平						
公共心・公徳心						

〈以下略〉

学年末記入　出欠の記録

区分＼学年	授業日数	出席停止・忌引等の日数	出席しなければならない日数	欠席日数	出席日数	事由発生時記入　備考
1	202	2	200	4	196	インフルエンザによる学級閉鎖2日　かぜによる欠席4日
2	204	0	204	0	204	
3						
4		〈以下略〉				
5						
6						

143

【著者紹介】

北　俊夫（きた・としお）
　東京都公立小学校教員、東京都教育委員会指導主事、文部省初等中等教育局教科調査官を経て、現在岐阜大学教授。
　著書に『あなたの社会科授業は基礎・基本を育てているか』（明治図書）、『「総合的な学習」のカリキュラムと実践のヒント』（光文書院）など。

廣嶋　憲一郎（ひろしま・けんいちろう）
　東京都公立小学校教員、武蔵村山市教育委員会指導主事、東京都立多摩教育研究所及び東京都立教育研究所統括指導主事、東京都多摩教育事務所主任指導主事及び指導課長、青梅市立河辺小学校校長を経て、現在聖徳大学教授。
　著書に『「教員評価」と上手に付き合う本』（明治図書）、『生活科の再出発』（東洋館出版社）など。

渡辺　秀貴（わたなべ・ひでき）
　東京都公立小学校教員、あきる野市教育委員会指導主事及び統括指導主事を経て、現在昭島市立玉川小学校校長。
　著書に『オープンエンドの問題を使った楽しい算数授業プラン』（日本標準）など。

学級づくりの相談室 Q&A
©T. Kita, K. Hiroshima, H. Watanabe

平成 19 年 5 月 30 日　第 1 版第 1 刷発行

著　者	北　俊夫，廣嶋憲一郎，渡辺　秀貴
発行者	長谷川知彦
発行所	株式会社光文書院
	〒102-0076　東京都千代田区五番町14
	電話 03-3262-3271（代）
	http://www.kobun.co.jp
カバーデザイン	象形社
イラスト	アン・サクライ
編集協力	加藤文明社

2007　Printed in Japan　ISBN978-4-77061039-3　C3037　￥1239E
＊落丁・乱丁本は、送料小社負担にてお取り替えいたします。